AF600941

UN SERVITEUR DE MARIE

M. l'abbé Emile-Ernest OUTREQUIN

VICAIRE

du Petit-Saint-Jean et de Saint-Roch

à Amiens.

AMIENS
ROUSSEAU-LEROY, IMPRIMEUR-ÉDITEUR
18, Rue Saint-Fuscien, 18

1886

UN SERVITEUR DE MARIE

UN SERVITEUR DE MARIE

M. l'abbé Emile-Ernest OUTREQUIN

VICAIRE

du Petit-Saint-Jean et de Saint-Roch

à Amiens.

AMIENS
ROUSSEAU-LEROY, IMPRIMEUR-ÉDITEUR
18, Rue Saint-Fuscien, 18

1886

AUTORISATION

de Monseigneur l'Evêque d'Amiens.

J. M. J. Amiens, le 1er Mai 1886.

Monsieur l'Abbé et cher Vicaire,

Je vous autorise très volontiers à publier la Biographie que vous avez tracée du regretté Monsieur l'abbé Outrequin. Je souhaite à votre ouvrage tout le succès que mérite l'intérêt du sujet en lui-même, ainsi que l'affection fraternelle et le talent avec lesquels vous l'avez traité.

Recevez, Monsieur l'Abbé et cher Vicaire, l'assurance de mes sentiments affectueux et dévoués.

JEAN-BAPTISTE-MARIE-SIMON,
Évêque d'Amiens.

A MONSEIGNEUR

JEAN-BAPTISTE-MARIE-SIMON JACQUENET,

ÉVÊQUE D'AMIENS.

MONSEIGNEUR,

La Très Sainte Vierge Marie est plus que jamais, dans les temps où nous vivons, le refuge et le secours de tous les chrétiens.

Le 1er septembre 1883, par l'Encyclique « Supremi Apostolatus, » le Souverain Pontife Léon XIII le proclamait hautement ; et, après avoir ordonné les prières solennelles du Rosaire, s'adressant à tous les évêques du monde catholique, il disait :

« Agissez donc, Vénérables Frères ! Plus « vous avez à cœur l'honneur de Marie et le « salut de la société humaine, plus vous « devez vous appliquer à nourrir la piété

« des peuples envers la grande Vierge, à « augmenter leur confiance en elle. Nous « considérons qu'il est dans les desseins « providentiels que, dans ces temps d'épreu- « ves pour l'Église, l'ancien culte envers « l'auguste Vierge fleurisse plus que jamais « dans l'immense majorité du peuple « chrétien (1). »

Ce désir du Pasteur suprême vous l'avez accueilli, Monseigneur, avec le plus filial empressement, et pour n'en donner qu'une preuve entre plusieurs autres, je citerai la Lettre Pastorale adressée à votre clergé et aux fidèles de votre diocèse, à l'occasion du Carême de 1885 : n'était-elle pas une pressante exhortation à honorer et à aimer Marie ?

« La vie de Marie, écrivait Votre Gran- « deur, est l'école de toutes les vertus. En « toute occasion, pensez à Elle, élevez vers « Elle vos regards. Elle sera pour vous un « modèle accompli de perfection, un miroir

(1) Encyclique *Supremi Apostolatus*, du 1er sept. 1883.

« de justice, comme l'Église nous apprend « à la nommer : “Speculum justitiæ”(1). »

Il semble, Monseigneur, que Dieu ait pris soin de corroborer par un nouvel exemple cette leçon, que vous nous rappeliez avec toute l'autorité de votre charge pastorale.

Un de vos prêtres, qui lisait en même temps que nous et qui inculquait aux fidèles ces salutaires enseignements, en était une confirmation vivante.

La vie si humble de M. l'abbé Outrequin a été tout entière vouée à l'amour de Marie : « en toute occasion, il pensait a Elle, il élevait vers Elle ses regards ; et il trouva en Elle un modèle accompli de perfection et un miroir de justice ! »

Sa dévotion vraiment extraordinaire envers la Très Sainte Vierge a porté des fruits abondants et merveilleux ; elle mérite d'être proposée à tous comme un exemple à imiter.

Il a plu à Dieu, Monseigneur, de cueillir

(1) Mandement de Mgr l'Évêque d'Amiens pour le Carême de 1885 : page 14.

dans le champ confié à votre vigilance et à vos soins cette fleur, dont l'auguste Reine du ciel a été le soleil et la vie. Puisse son parfum se répandre, se conserver parmi nous et attirer nos âmes vers Marie !

Qu'il me soit permis, Monseigneur, de dédier à Votre Grandeur le récit trop imparfait des vertus et des exemples du fidèle serviteur de la Vierge Immaculée : la bénédiction que vous voudrez bien accorder à mon modeste travail le rendra plus capable de faire le bien.

Je suis avec le plus profond respect,

Monseigneur,

de Votre Grandeur,

le très humble et très obéissant serviteur,

A. FRECHON,

Vicaire à Saint-Martin d'Amiens.

Amiens, le 2 Février 1886, en la fête de la Purification de la Très Sainte Vierge.

UN SERVITEUR DE MARIE

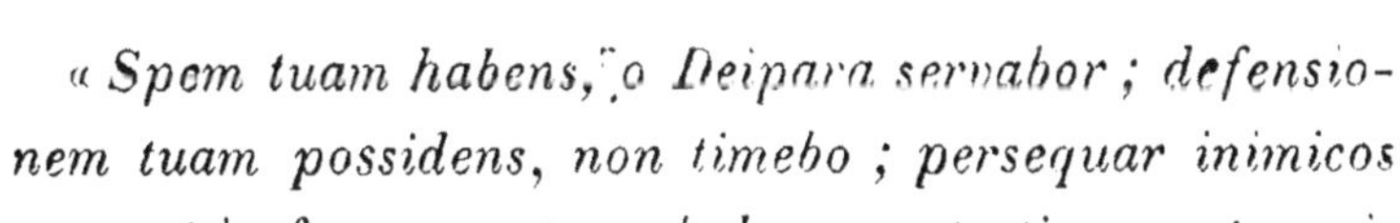

« *Spem tuam habens, o Deipara servabor ; defensionem tuam possidens, non timebo ; persequar inimicos meos et in fugam vertam, habens protectionem et auxilium tuum.....*

« *Me confiant en vous, ô Mère de Dieu, je serai sauvé ; défendu par vous, je ne craindrai rien ; je repousserai mes ennemis et les mettrai en fuite, en m'appuyant sur votre protection et sur votre secours.....* »

(S. Jean Damascène)

CHAPITRE I.

PREMIÈRES ANNÉES. — SAINT STANISLAS.

Au milieu des tristesses du temps présent, alors que s'amoindrissent la piété populaire, l'antique simplicité de la foi et la religion de l'obéissance et du respect, il est deux choses pourtant qui n'ont fait que grandir dans tous les cœurs vraiment catholiques : je veux parler de la confiance en la Vierge Immaculée et de la soumission humble et filiale au Vicaire de Jésus-Christ.

L'avenir le montrera : c'est bien vers le port du salut que ce double courant, devenu plus puissant et plus irrésistible depuis un demi-siècle, porte et entraîne le vaisseau de l'Église.

Le pieux et digne prêtre dont nous allons essayer de retracer la vie a, pour sa part, complètement subi l'influence de ce salutaire mouvement des âmes.

Dès ses premières années, il put entendre les cris d'enthousiasme, les chants d'allégresse et les témoignages de foi qui ont accueilli la proclamation du dogme de l'Immaculée-Conception en 1854 : sa confiance et son amour envers Marie se sont peut-être éveillés à cette aurore d'une gloire nouvelle, qui vint alors orner le front de la Reine des Anges et des Saints.

Plus tard, en 1870, le fervent serviteur de Marie pourra partager les émotions si vives et si profondes qui ont remué toutes les âmes des fidèles enfants de l'Église, lorsque le Pape de l'Immaculée-Conception, en présence de l'auguste Concile du Vatican, et fort de son assentiment, définit solennellement l'Infaillibilité Pontificale.

Ce fut le 15 février 1850 que naquit à Villers-Bretonneux, au diocèse d'Amiens, Emile-Ernest Outrequin. On célébrait ce jour-là l'octave de la fête du Saint Cœur de Marie, et cette coïncidence sera plus tard pour lui un motif particulier de confiance en la Très Sainte Vierge.

Son père, François Outrequin, honorable négociant de Villers, était sincèrement chrétien ; on le vit toujours très assidu aux offices de sa paroisse ; il y venait avec ses fils, et prenait lui-même le soin de leur faire suivre les prières et les chants liturgiques.

La mère d'Ernest, Marie-Joséphine Dieu, était une femme d'une grande foi et d'une solide piété ; sa dévotion envers la Très Sainte Vierge était surtout remarquable.

Des parents animés d'un esprit si profondément religieux ne pouvaient souffrir que leur cher fils restât longtemps sous le joug du démon, privé de la grâce et de la qualité d'enfant de Dieu. Le lendemain même de sa naissance, un samedi, à huit heures du soir, le futur serviteur de Marie fut baptisé par M. l'Abbé Boucher, alors curé de Villers et depuis curé de Notre-Dame d'Amiens. Il eut pour parrain Emile Outrequin, son frère, et pour marraine Marie-Laure-Félicie Dieu, qui devint dans la suite sa belle-sœur et sa mère adoptive. Aussitôt après son baptême, on le consacra à la Très Sainte Vierge. Sa mère, alors agée de 43 ans, avait déjà deux fils ; elle eût ardemment désiré que Dieu lui accordât une fille ; mais inspirée par sa piété envers Marie, elle se consola en vouant « *au bleu et au blanc* » son nouveau-né ; et Ernest porta jusqu'à l'âge de sept ans les couleurs de Celle qu'il appellera plus tard « Sa toute bonne Mère du Ciel ». Le goût de la prière se révéla en lui avec les premières lueurs de la raison ; encore tout enfant, il récitait souvent le chapelet avec un de ses frères ; un peu plus tard, ayant à cœur de mettre sa journée tout entière sous la garde de Marie, il le disait le matin, avant même de quitter sa chambre. Cet acte de piété lui paraissait très facile et très naturel, et si l'on manifestait quelqu'étonnement du retard qu'il mettait à descendre, si l'on trouvait ses prières un peu longues en raison de la pétulance de son âge, il répondait naïvement : « Mais je dis mon chapelet. »

Vers l'âge de huit ans, en visitant le Jeudi-Saint le reposoir du Saint-Sacrement, il apprit de l'ouvrière à laquelle ses parents l'avaient confié, que l'Église resterait ouverte toute la nuit, et que de pieux adorateurs y demeureraient en prières ; il manifesta aussitôt l'intention bien arrêtée de passer, lui aussi, cette nuit dans l'Église ; mais son père et sa mère, il le devinait bien, devaient s'opposer à l'exécution de ce projet ; aussi ne voulut-il pas rentrer à la maison paternelle, et bien qu'il n'eût point diné, il se tint caché pendant que la permission si désirée était demandée pour lui. Son innocente ruse, il est facile de le comprendre, n'eut point de succès, mais de si rares dispositions pour la piété pouvaient indiquer déjà les vues de Dieu sur cet enfant.

Son amour des pauvres, même dès sa plus tendre jeunesse, fut aussi un heureux présage.

Lorsque son père nourricier venait recevoir son salaire, Ernest priait sa mère « de donner, « sans compter, à ce brave homme une grosse « poignée d'argent ; car il ne faut pas, disait-il, « qu'il ait faim, ni ma mère nourrice non plus. »

Il lui arrivait aussi parfois de cacher quelques menues pièces de monnaie, et il trouvait un grand plaisir à les donner lui-même aux pauvres mendiants qui venaient chez ses parents. Un jour qu'on était allé acheter avec lui quelques paires de chaussons, il en laissa tomber un dans le chemin ; s'en étant aperçu, il voulait absolument en jeter un autre dans la rue, « afin, disait-il, que le pauvre, qui avait dû trouver le premier, pût avoir la paire complète et se bien chausser pour l'hiver. »

Dès l'âge de deux ans, Ernest avait été confié aux sœurs de la Charité, qui dirigeaient l'asile de Villers récemment fondé par M. l'abbé Boucher.

Les mères vraiment dignes de ce nom, ne sauraient trop comprendre la profonde influence qu'exerce sur un jeune cœur l'éducation de la plus tendre enfance. Il faut que dans ce premier âge la vie surnaturelle de la grâce, endormie aussi bien que les facultés intellectuelles, soit éveillée, excitée, développée par la prière, par les pensées de la foi, par l'instruction religieuse. On reconnaît la nécessité d'exciter la vie de l'intelligence chez l'enfant par l'éducation et par les contacts de la vie sociale ; il n'est pas moins nécessaire d'éveiller en lui la vie surnaturelle par le contact de Dieu et des choses d'en haut et de l'éternité.

Voilà ce qu'une vraie mère sait à merveille ; aussi tremble-t-elle lorsqu'elle est contrainte de se séparer de ses petits enfants ; et si elle ne peut mieux faire que de se décharger sur autrui de leur éducation première, elle souhaite ardemment de ne les confier qu'à des anges de piété et de vertu.

Ernest eut le bonheur de voir se réaliser pour lui le vœu de sa tendre mère ; aussi l'éducation de ses premières années laissera-t-elle des traces profondes de foi et de piété dans son âme, et nous devrons reconnaître que les sœurs de saint Vincent de Paul surent admirablement cultiver les heureuses dispositions de leur élève.

Il ne sera pas du reste le seul prêtre dont l'enfance s'écoulera pieusement en l'asile de Villers ; plusieurs de ceux qui furent ses condisciples ont été appelés aussi à l'honneur du sacerdoce. Il est à peine besoin de dire que cette utile et chrétienne institution a laissé, en disparaissant, un bien grand vide et de vifs regrets dans la commune de Villers.

Ernest avait dix ans lorsque sa mère mourut, le 15 octobre 1859 ; son cœur si sensible et si aimant fut cruellement atteint par cette grande perte ; mais, au milieu de sa désolation, il sentit s'éveiller en lui une confiance plus grande et plus vive envers la Très Sainte Vierge ; il lui sembla que, privé de sa mère de la terre, il avait plus de droits à la protection de sa Mère du Ciel ; il se consacra donc à Marie, remit entre ses mains son âme d'enfant encore toute saignante de la douloureuse blessure qu'elle venait de recevoir, et le lien qui l'attacha dès lors à cette divine Mère ne saura plus se rompre.

Peu de temps après une séparation si cruelle, Ernest vit encore la mort frapper tout près de lui ; son père succomba à la maladie qui le minait depuis de longs mois. En mourant, M. François Outrequin laissa à ses enfants un grand et mémorable exemple ; il demanda lui-même le Sacrement de l'Extrême-Onction, bien avant d'être arrivé à ses derniers moments, tant il avait à cœur de n'être privé d'aucun des secours de la religion. Quand il reçut pour la dernière fois le saint Viatique, il fit appeler son fils aîné, lui demanda de réciter avec lui les prières de l'action de grâces, et lui fit la recommandation expresse d'avoir toujours le plus grand respect pour le repos du Dimanche et de le faire fidèlement observer par ses ouvriers.

Quelque temps après, le frère aîné d'Ernest, M. Edmond Outrequin, épousait Mademoiselle Félicie Dieu, et donnait ainsi une mère adoptive à ses deux frères.

Ernest trouva dans sa belle-sœur le dévouement le plus entier et la plus tendre affection ; ses dispositions pour la piété furent cultivées avec le même soin qu'elles auraient pu l'être par sa mère. Il sut admirablement répondre à la sollicitude dont il était l'objet; il était aimable, doux, affectueux, prévenant. Il avait en même temps une grande énergie et une grande fermeté de caractère ; déjà dans ses plus jeunes années, malgré une sensibilité très grande, il savait se dominer et maîtriser ses impressions ; on ne surprenait guère chez lui ces marques de mécontentement, ces mouvements de vivacité et d'humeur si fréquents chez la plupart des enfants. Une faute était-elle commise sans qu'on en pût connaître l'auteur, il se laissait punir à la place du coupable, se contentant de pleurer en silence.

Après avoir quitté l'asile de Villers, Ernest suivit pendant quelque temps les cours de l'école communale ; puis il fut mis en pension à Harbonnières. Au pensionnat d'Harbonnières, il fut pour la première fois frappé par la lecture d'une vie de Saint. Dans un écrit intitulé : « *Les plus chers Souvenirs et les plus grandes Consolations de ma vie*, » nous trouvons en effet ce qui suit :

« Le 2 Février 1861, en la fête de la Purification de la Très-Sainte Vierge, j'entendis pour la première fois lire une vie de Saint, par un de nos maîtres, dans la salle d'études, à la pension d'Harbonnières. C'était la vie abrégée de saint Ignace, évêque d'Antioche, martyr ; j'en retirai un tel attrait pour ce genre de lecture qu'au nouvel an suivant, le 1er Janvier 1862, mon frère et ma belle-sœur m'ayant demandé quel cadeau je désirais pour étrennes, je choisis la vie des Saints. »

Et dans une autre note Ernest voulant rappeler cette circonstance de sa vie, écrivait en mentionnant la même date et la même fête : « *Première grâce signalée de la part de Dieu et appel à la perfection par la lecture du martyre de Saint Ignace.* »

L'impression reçue de cette lecture ne fut pas seulement passagère ; notre pieux écolier y puisa un attrait qui ne fera que se développer et s'accroître dans la suite ; et lui-même nous dira un jour avec une conviction profonde, puisée dans l'expérience qu'il en avait faite, les avantages inestimables que peuvent procurer aux enfants et aux jeunes gens de semblables lectures.

A la fin des vacances de cette même année 1861, Ernest entrait à Saint-Stanislas à Abbeville. Cette maison dont Mgr Boudinet venait de prendre le haut patronage, étant dirigée par M. l'abbé Harent, depuis longtemps l'ami des familles Dieu et Outrequin, on fut heureux de lui confier le jeune Ernest.

A onze ans, l'enfant commence quelquefois à manifester ses préférences pour la carrière qu'il devra embrasser plus tard. Un père et une mère étudient ces dispositions, les devinent et les encouragent. M. Edmond Outrequin craignait de ne pas avoir pour son jeune frère cette intuition que Dieu donne à un père et à une mère; il espérait que M. l'abbé Harent, cet ami si éclairé et si dévoué, lui viendrait en aide dans la tâche difficile qui lui incombait.

Le supérieur de Saint-Stanislas ne tarda pas à

découvrir les précieuses qualités de son nouvel élève. Avec ce jugement sûr et cet enjouement qui le caractérisaient, il ouvrit à Ernest les voies de la piété et de la véritable vertu.

L'abbé Outrequin aimait à parler plus tard du bien que lui avait fait M. Harent, et de la part qui revenait à ce digne prêtre dans sa vocation à l'état ecclésiastique.

Dès son entrée à Saint Stanislas, Ernest eut à se préparer à la première communion. Quelques mois avant ce grand acte, une grâce lui fut accordée dont il a religieusement conservé le souvenir, et qui exercera sur son avenir une influence décisive. Dans le pieux écrit que nous avons déjà cité et que nous pourrions appeler *le Testament spirituel de sa dévotion envers Marie*, nous lisons:

« Le 9 Février 1862, pendant l'octave de la fête du Saint-Cœur de Marie, je reçus providentiellement de M. l'abbé Deberly, directeur du catéchisme de la Première Communion, je reçus, dis-je, comme récompense, la Vie de St Stanislas Kostka, patron du Collège. Je dis *providentiellement*, voici pourquoi: deux livres, destinés aux deux premiers du catéchisme étaient à choisir, je n'oublierai jamais ces détails que je reconnais maintenant si importants pour ma vocation et ma persévérance : j'aime au contraire à me les rappeler, comme des marques visibles de l'excessive tendresse de ma bonne Mère. — Le premier de ces deux ouvrages était plus beau extérieure-ment; il était relié et doré : c'était un livre de prières ou de méditations, utile sans doute, mais qui ne m'aurait certainement pas fait le même usage que le second, la Vie de St Stanislas, ouvrage broché et déjà un peu détérioré. Le premier du catéchisme, Louis Devisme, choisit naturellement le premier ouvrage et certainement j'eusse fait la même chose ; sur le moment même j'ai pu regretter de n'être que le second et de n'avoir pas le livre que prenait mon condisciple.

« La vie de St Stanislas m'échut donc forcément, parceque je n'étais que le second, mais ce livre fut pour moi le coup de la grâce. Sans conseil de personne, par curiosité d'abord et en l'absence d'autres livres de lecture, je me mis à le parcourir, puis à le lire et à le relire sérieusement et bien attentivement pendant le cours de mes études ; en sorte que St Stanislas devint mon modèle et mon guide en toutes choses ; sa belle vie m'avait tant séduit que je m'efforçais de la reproduire en tous points, et je n'ai été ce que je fus au collège, qu'à l'imitation de Saint Stanislas ; je n'ai travaillé, je n'ai pratiqué la piété et la vertu, la pureté surtout, que pour ressembler à mon modèle. La vie admirable de ce jeune Saint m'a fait entrer dans une connaissance de la piété que je n'aurais pu acquérir que bien plus tard.

« Ce qui m'a surtout frappé et ce que je m'efforçai d'imiter c'était la tendre et aimable dévotion de Stanislas pour Marie ; et moi, qui étais orphelin sur la terre, je puis ajouter que ce fut une des choses qui ont le plus contribué à éclairer, à développer ma dévotion pour Elle.

« Il me semblait toujours voir St Stanislas à mes côtés, je m'efforçais de faire en tout ce qu'il eût fait à ma place. »

Voilà, tracé de sa propre main, le portrait du jeune élève de Saint Stanislas. On s'étonnera peut-être que ce portrait si beau, il l'ait tracé lui-même ? Certes ce n'est pas sa gloire qu'il cherchait ; et il ne vit pas qu'elle en pourrait sortir. Il n'a eu, en écrivant ces lignes, qu'une seule pensée et un seul désir qui l'inspiraient en toutes choses : la pensée et le désir de glorifier la Très-Sainte Vierge.

Mais ce portrait est-il fidèle ? Il y a parfois si loin des bons désirs et des bonnes résolutions aux actes de la vertu ! Ernest a-t-il été vraiment au collège ce qu'il voulait être : un imitateur de St Stanislas ?

Pour répondre à cette question, ayons recours au jugement que porte sur lui un de ses maîtres, et au témoignage que lui a rendu un de ses condisciples.

Un professeur, dont il fut l'élève pendant deux années consécutives, a écrit les lignes suivantes que nous reproduisons textuellement :

« Je puis affirmer que je n'ai jamais remarqué en lui ces alternatives de courage et de négligence assez ordinaires chez les écoliers. Très appliqué à ses devoirs, il n'en négligeait jamais aucun, qu'ils fussent ou non dans ses goûts ou selon ses aptitudes. Aussi Ernest fit-il de bonnes et de sérieuses études. Je n'eus jamais qu'un seul défaut à lui reprocher, c'était un excès de défiance de lui-même. Il était toujours porté à regarder ses compositions et ses devoirs comme inférieurs à ceux de ses condisciples, et souvent il refusait d'accepter des éloges mérités.

« Sa constance dans le travail avait évidemment sa source dans un grand esprit de foi. Il travaillait par devoir, pour accomplir la volonté de Dieu. Sa piété frappait tous les regards. Je me rappelle avoir assisté fréquemment, les jours de fêtes, aux Messes de communion : il y faisait l'édification de tous, maîtres et condisciples, par son attitude pleine de respect, par la ferveur qui se lisait sur son visage. A cette époque, le Saint-Sacrement était conservé dans un petit oratoire donnant sur le préau et sur la cour des élèves ; nous voyions souvent Ernest Outrequin quitter ses compagnons pour aller passer quelques instants aux pieds de Notre-Seigneur, donnant ainsi à ses camarades un pieux exemple que plusieurs ne tardèrent pas à suivre.

« Sa piété envers la Sainte Vierge était tendre

et vraiment filiale. Aussi lorsque le vénéré M. Harent voulut établir à Saint-Stanislas la congrégation de la Sainte Vierge, Ernest en fut un des premiers membres ; et je puis dire, sans crainte d'être démenti par aucun de ceux qui l'ont connu alors, qu'il fut toujours le plus fidèle et le plus zélé des congréganistes. Et plus tard, lorsque séminariste ou vicaire, il revenait passer quelques instants parmi nous, un de ses premiers soins était de s'informer de la congrégation, de ses progrès, des fêtes qu'on y célébrait, du nombre des congréganistes ; et il trouvait un plaisir bien doux à aller s'agenouiller encore aux pieds de cette statue de Marie qui avait reçu ses premiers vœux, sa première consécration.

« Ernest avait toute la confiance de ses maîtres : voici un détail qui me revient à la mémoire et qui en fournira une preuve convaincante. Lorsqu'un élève inspirait par sa conduite quelques inquiétudes, on se hâtait de le confier, de le recommander à Ernest Outrequin, qui devenait dès lors son compagnon assidu, et pourquoi ne le dirais-je pas ? son ange gardien pendant les récréations et les promenades. Toujours, il a rempli cette mission de confiance avec la plus scrupuleuse exactitude, sans jamais témoigner aucun ennui, aucune impatience. Dieu lui avait dès lors mis au cœur cette charité dont il a donné depuis tant de preuves, dans sa vie, hélas! si courte à notre gré, mais si remplie aux yeux de Notre-Seigneur. »

Ses maîtres ne sont pas les seuls qui aient gardé d'Ernest un précieux souvenir; ses camarades avaient pour lui la plus sincère estime ; les taquineries qu'ils se permettaient parfois à son égard ne servaient qu'à mieux faire ressortir sa vertu, et, en les supportant stoïquement, Ernest gagnait l'affection et la confiance de tous.

Une fois pourtant il ressentit une peine plus profonde; non pas que son amour-propre eût été blessé, mais parce qu'il craignit d'avoir scandalisé ses condisciples. Le jour de la fête de M. le Supérieur de la maison, un grand dîner avait été servi aux élèves ; ni le vin, ni la tasse de café, selon l'usage traditionnel, n'y avaient manqué ; fatigué par une longue récréation ou par la chaleur, Ernest, après le repas, se trouva incommodé ; ses camarades ne manquèrent pas de lui faire entendre à ce sujet quelques joyeuses plaisanteries; il les prit trop au sérieux ; il crut avoir donné un vrai scandale, et le pauvre enfant en conçut la plus mortelle douleur. Un témoin de son chagrin disait qu'il fut longtemps inconsolable ; aussi en le voyant si attristé, la plupart de ceux qui s'étaient moqués de lui, vinrent lui témoigner tous leurs regrets.

Y avait-il une faute de sa part ? Non, assurément ; mais Ernest voulut le croire ; et pour expier sans doute cette apparence de scandale, il n'a jamais consenti depuis ce jour-là à prendre ni à accepter une seule tasse de café. Nous aurons encore plus d'une fois l'occasion de remarquer cette volonté si ferme et si tenace qui le rendait invariablement fidèle aux résolutions qu'il avait une fois prises.

Après sa première communion, Ernest avait eu la joie d'être admis au nombre des enfants de chœur. Les pieuses fonctions qu'il eut alors à remplir devinrent un aliment pour sa piété et il se rappellera toujours avec une douce satisfaction la fête de Notre-Dame des Sept Douleurs de l'année 1862, où il les exerça pour la première fois.

Pendant ses récréations, il lui arrivait aussi fréquemment de se rendre à la sacristie, la veille des fêtes, pour aider la religieuse qui était chargée d'orner les autels ; et cette bonne sœur disait souvent : « Que cet enfant-là est donc bon et pieux ! »

Un de ses condisciples plus âgé que lui et qui, après avoir été son mentor pendant plusieurs années, resta son ami jusqu'à la fin de sa vie, M. l'abbé Danicourt, curé de Naours, achèvera par quelques traits de reproduire à nos yeux sa physionomie d'écolier :

« Bien qu'il fût toujours sérieux, nous écrit M. Danicourt, il savait pourtant être gai, de cette gaieté qui révèle la candeur d'un enfant simple et droit ; à cela il joignait une certaine originalité dont il s'accusait lui-même volontiers.

« En récréation, il était un des premiers joueurs de la maison, très bon coureur et des plus alertes au jeu de barres.

« Il était aimable et bon avec tous ; mais il resta toujours étranger aux amitiés particulières ; il avait sur ce point quelque chose de l'austérité de S. Louis de Gonzague et de S. Stanislas.

« A la chapelle, en voyant sa modestie, son recueillement, sa piété, on ne pouvait s'empêcher de penser à ces aimables saints. Il communiait souvent et trouvait le moyen de le faire sans être trop remarqué, en servant la messe à un professeur.

« Ernest Outrequin ne se trouvait pas dans son milieu parmi des jeunes gens appelés à vivre dans le monde et qui ne pouvaient comprendre ni même soupçonner les pensées si élevées, les vues si surnaturelles, les désirs de perfection qui l'absorbaient déjà ; et il en souffrait. Il eût été plus à sa place et plus heureux dans un petit séminaire ; mais Dieu avait ses desseins ; ce pieux jeune homme a exercé à Saint-Stanislas un véritable apostolat par ses vertus et ses exemples. Il est une des premières et des plus belles fleurs de cette maison. »

Les peines très vives de sa vie d'écolier n'ont donc pas échappé à l'ami qui fut souvent son consolateur; nous en retrouvons le souvenir encore bien vivace dans les notes qu'Ernest a laissées. La vie intérieure a commencé de bonne heure pour ce jeune homme, et à cet appel vers la perfection dont il n'oublia point la date, il voulut répondre sans se démentir jamais ; nous pourrions dès lors appliquer à sa ferveur et à son désir de la perfection ce que l'un de ses maîtres écrivait de son amour du travail, et affirmer qu'il « n'y avait point en lui de ces alternatives de courage et de négligence » assez ordinaires, même chez les âmes pieuses.

Mais la vie vraiment intérieure ne peut pas se développer sans épreuves ; Ernest les rencontra dès sa jeunesse. Sa conscience délicate et timorée, toujours dominée par une profonde horreur du péché, par une crainte très vive des occasions dangereuses et de l'apparence même du mal, le mettait souvent à la torture.

Ceux qui ont quelqu'expérience savent combien il est difficile, dans une réunion nombreuse de jeunes gens, de prévenir toute conversation dangereuse, toute parole imprudente ; la surveillance la plus active, la discipline la plus ferme et le dévouement le plus complet n'y suffisent pas. Un seul enfant plus ou moins atteint par le souffle du vice, peut exercer une influence délétère sur ses camarades. La grâce de Dieu et les moyens surnaturels sont les seuls efficaces dans la grande œuvre de l'éducation chrétienne ; et pour la jeunesse il ne saurait y avoir de morale sans un grand esprit de foi et une sincère piété.

Lorsqu'ils confiaient à Ernest et plaçaient auprès de lui les élèves les plus dissipés et les moins édifiants, ses maîtres envisageaient surtout les grâces toutes spéciales dont Dieu l'avait prévenu, et ils espéraient avec raison qu'il saurait inspirer l'amour de la vertu aux plus réfractaires. Ernest ne chercha jamais à se soustraire à ces charges de confiance ; il n'en redoutait pas moins au fond du cœur les sérieuses difficultés. Mais ces épreuves, loin de lui nuire, ne firent que fortifier sa vertu, tremper son caractère et lui donner cette force et cette énergie avec lesquelles il saura suivre le bon chemin sans se démentir jamais.

Où était donc le secret de cette force au milieu des épreuves et de ces victoires incessantes du jeune écolier dans des luttes de chaque jour ? Ce secret était uniquement dans sa dévotion envers la Très-Sainte Vierge, dans cette dévotion vraiment extraordinaire qui restera le plus puissant ressort de sa ferveur et le trait caractéristique de sa vie.

Voici pour le prouver quelques lignes extraites de *Ses plus chers souvenirs :*

« Je me rappelle que ma dévotion à Marie a commencé à se développer à Saint-Stanislas sous l'empire de la crainte des jugements de Dieu et de l'enfer. Saisi d'une frayeur extraordinaire à la pensée des grandes vérités du salut, que j'entendais développer avec force, surtout par M. Deberly qui en était lui-même si vivement pénétré, animé du plus grand désir d'éviter le péché mortel que je redoutais comme l'enfer lui-même, je m'adressais alors avec la plus grande confiance à Marie ; il me semblait que je m'attachais, que je me cramponnais à Elle comme un noyé saisit ce qu'il rencontre pour sauver sa vie.

« Que de larmes j'ai versées, quels serrements de cœur j'ai ressentis, quand je me croyais exposé dans des occasions dangereuses ! Avec quel amour, dans ma détresse, je me recommandais à Celle qui était mon Refuge ! Non, jamais personne ne comprendra tout ce qu'il m'en a coûté de peines, d'efforts, de combats, de ruses, de prières, d'humiliations, de sacrifices pour conserver ma piété et ma chasteté, jusque dans les pensées et les désirs! J'en fais ici l'aveu sincère pour honorer la bonté et la puissance de Marie à l'égard de son cher petit enfant qui l'aimait tant. »

Ernest, pendant sa vie au collège, fut puissamment encouragé dans sa dévotion envers la Très-Sainte Vierge par son directeur, M. l'abbé Deberly. Ce digne prêtre avait gagné le cœur et toute la confiance du pieux élève de Saint-Stanislas.

« Par un dessein providentiel, écrivait plus tard l'abbé Outrequin à un jeune séminariste, j'ai été envoyé à Saint-Stanislas précisément la même année que M. Deberly; c'est là que j'ai eu le bonheur de le connaître et de l'avoir pour directeur. Non-seulement il me confessait tous les huit jours et me faisait servir sa messe, à laquelle je communiais souvent à l'insu des élèves, mais il me faisait venir chez lui en direction plusieurs fois la semaine et quelquefois tous les jours, quand le bon Dieu m'éprouvait par certaines peines, et toujours il me disait: « Conservez bien le souvenir de ce que vous ressentez actuellement, le bon Dieu vous chargera plus tard de diriger des âmes affligées des mêmes souffrances. » Et moi j'avais peine à prendre au sérieux ses paroles et à m'imaginer que je deviendrais un jour directeur des âmes... »

Sous l'influence de cette direction, sa piété se développait et s'éclairait; sa confiance et son amour envers Marie prenaient un accroissement remarquable et devenaient son invincible sauvegarde ; sa vocation enfin était étudiée et mûrissait.

Son directeur était le confident de toutes ses peines ; à l'approche des vacances, Ernest lui disait ses préoccupations et ses inquiétudes: la vie moins occupée de cette époque de l'année, les circonstances imprévues que font naître une liberté et une indépendance plus grandes, il les redoutait, et avant le départ, il allait jusqu'à verser des larmes en confiant ses craintes à son père spirituel.

Avec de semblables dispositions, les écueils, on peut le croire, étaient déjà évités et les dangers écartés. Ce fut même pendant le temps des vacances qu'il connut sa vocation à l'état ecclésiastique d'une manière plus claire et plus certaine. Voici ce que nous trouvons dans ses notes :

« En 1866, le 24 Septembre, fête de Notre-Dame de la Merci, une grâce toute spéciale que je reçois devant l'autel de la Sainte Vierge, dans l'Église de Villers, me fait connaître définitivement ma vocation à l'état ecclésiastique. »

Quand il fut de retour à Saint-Stanislas, il s'empressa de révéler à son directeur cette grâce reçue aux pieds de Marie ; et sa vocation fut définitivement décidée et jugée. Pendant trois années, elle achèvera de se mûrir au soleil d'une ardente piété, sous le regard et sous la protection de la Très-Sainte Vierge.

CHAPITRE II.

LE GRAND SÉMINAIRE.

Ernest vit arriver avec joie le terme de ses études classiques et la fin de ses années de collège. Il désirait ardemment être au jour de son entrée au Séminaire, car son âme ardente et pure n'avait point de repos tant il lui tardait de répondre à l'appel de Dieu.

La Très-Sainte Vierge l'avait entouré de sa protection maternelle pendant son enfance et sa vie d'écolier; ce fut elle encore, nous dit-il lui-même, qui le « conduisit providentiellement au Grand Séminaire de Saint-Sulpice, dans cette maison de Paris, qui est comme le Séminaire de Marie. »

Le tuteur d'Ernest qui l'aimait beaucoup et qui du reste était animé de sentiments chrétiens partageait un peu trop peut-être la manière de voir de ces hommes du monde qui, *a priori*, se défient de toute vocation à l'état ecclésiastique ou à l'état religieux. Un instant il se demanda s'il devait donner son consentement à l'entrée d'Ernest au séminaire ; et s'il se décida à l'accorder, ce fut à la condition expresse que son pupille serait envoyé à Issy, où pendant deux années, les jeunes aspirants au sacerdoce ont la faculté de porter les habits laïques et d'étudier plus mûrement leur vocation, avant de revêtir la soutane.

Ernest n'eut pas à regretter que la divine Providence lui manifestât ainsi sa volonté. « Dieu, disait-il plus tard, se sert de tous les moyens pour favoriser ses privilégiés, car une des plus grandes grâces que j'aie reçues, a été mon entrée à Saint-Sulpice. »

Ce fut le samedi 2 Octobre 1869, veille de la fête de Notre-Dame du Saint Rosaire, qu'il arriva au Grand Séminaire d'Issy.

Après avoir été un écolier modèle, le jeune élève de Saint-Stanislas devait être un excellent séminariste. Sa piété était douce et simple ; il aimait à se faire oublier et à rester dans l'ombre :

mais sa régularité et son exactitude en toutes choses furent toujours exemplaires : « Je ne sais, a écrit un de ses anciens directeurs, si jamais personne a pu trouver quelque chose à reprendre dans sa vie de séminariste. »

Après une année passée à Issy, Ernest avait fait déjà de sérieux progrès dans la vie spirituelle ; il comprenait mieux encore qu'autrefois les salutaires effets et les joies de la souffrance, et il avait demandé à Dieu de la lui faire sentir.

Dieu l'exauça : « le 18 Septembre 1870, dit-il dans ses notes, à la procession solennelle qui se fait à Villers à l'occasion de la fête de Notre-Dame des Sept Douleurs, j'ai eu le bonheur de porter la statue de la Très Sainte Vierge ; et en la portant, j'ai commencé à ressentir les épreuves que j'avais demandées à Dieu, et dont j'ai souffert jusqu'à mon pèlerinage à Notre-Dame de Lorette en Italie. »

L'infirmité dont il veut parler ici, n'était pas nouvelle pour lui ; mais à partir de cette époque, le mal prit de sérieux développements, et pendant toute la durée de son séminaire, il devra s'armer d'une patience étonnante pour le supporter.

La funeste guerre de 1870 avait éclaté dès le commencement des vacances ; à l'époque fixée pour la rentrée des élèves de Saint-Sulpice et d'Issy, Paris était assiégé ; Ernest Outrequin dut rester dans sa famille ; mais le temps qu'il y passa ne fut point perdu et son zèle trouva amplement à s'exercer.

Le 27 Novembre, à l'issue de la sanglante bataille d'Amiens, Villers-Bretonneux était occupé par l'armée prussienne et en même temps les blessés français y étaient transportés en très grand nombre : le patriotisme de ses habitants transforma cette commune en une vaste ambulance. L'occupation prussienne était extrêmement onéreuse ; chaque notable devait héberger par centaines les soldats de l'armée d'invasion : mais une si lourde charge n'arrêta point le dévouement que l'on devait aux victimes de la défense nationale.

La famille d'Ernest Outrequin prit à sa charge une quinzaine de blessés français : le jeune séminariste voulut se dépenser entièrement à leur service. Dès lors il devient infirmier et pendant de longs mois il ne s'accorde aucun repos ni aucune distraction ; il ne quitte pas, pour ainsi dire, le chevet de ses chers blessés.

Les soins empressés qu'il donne à leurs corps ne lui laissent point oublier les besoins de leurs âmes ; les bonnes paroles, et surtout les exemples du pieux jeune homme encore revêtu de ses habits laïques font autour de lui les plus heureuses et les plus salutaires impressions.

Parmi les quinze blessés accueillis par la famille Outrequin, deux seulement succombèrent ; Ernest fut l'ange gardien de leurs derniers moments. Après les avoir aidés à mettre leur conscience en règle, il se faisait leur consolateur, cherchant tous les moyens de les encourager et de soutenir leurs espérances.

Le dernier qui mourut, après neuf mois de souffrances, était un jeune père de famille des Deux-Sèvres. « Il avait eu, disait-il lui-même, une jeunesse orageuse ; » mais il ne sut point résister aux conseils, aux touchantes exhortations de son fidèle infirmier. Lectures, prières, pieuses et douces paroles, Ernest sut mettre tout en œuvre pour faire entrer dans cette âme les dispositions les plus édifiantes et les sentiments d'une véritable piété. Ils firent ensemble plusieurs neuvaines à Notre-Dame de Lourdes, et d'un commun accord, ils formaient le projet de lasser la Très-Sainte Vierge à force de prières. Lorsqu'ils commençaient la sixième neuvaine, la grâce que tant de ferveur obtint ne fut point la guérison, mais une courageuse résignation et une mort vraiment sainte.

Les autres blessés qui guérirent heureusement conservèrent de leur jeune ami le meilleur souvenir, et quand ils eurent rejoint leur régiment ou qu'ils furent rentrés dans leurs foyers, plusieurs entretinrent encore avec lui de cordiales relations.

Le 1er Octobre 1871, le pieux étudiant d'Issy prit la soutane et entra au Grand Séminaire de Paris.

Le Séminaire de Saint-Sulpice était encore sous l'impression profonde causée par le massacre des otages de la Commune.

On se rappelle cette victime choisie par Dieu dans les rangs mêmes des séminaristes, l'abbé Paul Seigneret. Ses condisciples et ses amis en se retrouvant, après une longue séparation, ne pouvaient que s'entretenir de cette mort soufferte en haine de la foi, à Belleville, le 26 Mai 1871.

Ils se redisaient les sentiments et les dernières pensées du jeune martyr : « J'espère bien, écrivait-il en avril, ne sortir de Mazas que le dernier, et, s'il faut des victimes, être une des premières. » Et le 19 Mai 1871 : « La Commune nous a fait tressaillir d'espérance avec ses menaces. Serait-il possible qu'au début seulement de notre vie, Dieu nous tînt quittes du reste, et que nous fussions jugés dignes de lui rendre ce témoignage du sang, plus fécond que mille vies! Heureux le jour où nous verrons ces choses, si jamais elles nous arrivent! Je ne puis y penser sans larmes dans les yeux! »

Avoir été l'ami, le confident d'une âme capable de tant d'héroïsme devait être un puissant aiguillon dans la poursuite de la vertu et de la sainteté. L'abbé Outrequin sut admirablement profiter des salutaires excitations qu'il en reçut.

Il garda toujours une vénération profonde pour ce jeune homme dont la pieuse simplicité et les nobles sentiments avaient gagné toute sa sympathie pendant l'année où il l'avait connu à Issy. Afin de les édifier, il donnait à ses amis des souvenirs de Paul Seigneret, où se trouvaient imprimées plusieurs des plus belles pensées extraites des notes et des dernières lettres du jeune clerc tonsuré de Saint-Sulpice.

Déjà nous l'avons vu, l'abbé Outrequin était animé du plus grand esprit de charité et de zèle, il s'ingéniait à faire le bien en toutes circonstances, et il n'avait point de repos s'il ne profitait de tous les moyens et de toutes les occasions pour y réussir.

Nous ferons mieux connaître cette disposition habituelle du jeune séminariste en citant un trait raconté dans l'article nécrologique que lui consacra, le 31 Mai 1885, la Semaine religieuse d'Amiens (1).

« Son amour pour Dieu, écrit M. l'abbé Postel, devenait de plus en plus ardent ; en l'approchant, on sentait comme une flamme qui n'attendait que le moment de s'échapper et de répandre partout le divin incendie. Et avec l'amour de Dieu s'enflammait davantage sa charité à l'égard du pro-

(1) Le Dimanche — Semaine religieuse du diocèse d'Amiens n° 727, 31 mai 1885, page 434.

chain ; il l'exerçait dès lors de la manière la plus humble et la plus délicate : il se plaisait à recueillir les chaussures usées de ses confrères, les faisait arranger, puis les donnait aux pauvres. — « Que vais-je devenir ? disait, à son départ du Séminaire, le pauvre ouvrier qu'il soutenait par ce travail : c'est ma providence qui s'en va ! »

Avant même son entrée à Saint-Sulpice, Ernest Outrequin était invariablement fidèle à tous ses exercices de piété ; chez son frère, on le surprenait souvent, dans quelque coin retiré de la maison, occupé à prier ; on le voyait même parfois rester longtemps à genoux dans les allées du jardin. Pendant ses vacances de séminariste, son inflexible exactitude s'affirma d'une manière plus énergique encore ; toujours il savait se dérober aux conversations, aux compagnies et même aux plus innocentes récréations pour ne pas manquer à son règlement. On était accoutumé autour de lui à le voir s'éloigner doucement à certains moments de la journée, et, tout en souriant, on admirait cette fidélité que rien ne pouvait faire fléchir et qui ne savait pas transiger. Après avoir consacré aux exercices de piété ou à l'étude le temps nécessaire, il aimait à visiter les malades, les pauvres. Il était heureux aussi de voir quelques amis qu'il édifiait toujours.

Il donnait à M. le Curé de Villers et à MM. les Vicaires le concours le plus empressé, principalement pour la préparation des enfants à la première communion; pendant les jours de la retraite, il ne quittait pas ceux dont il était chargé, il les conduisait en promenade, les surveillait pendant leurs récréations et assistait à tous leurs exercices.

Parmi ces enfants, l'abbé Outrequin sut en discerner un que Dieu avait choisi pour l'état ecclésiastique ; dès qu'il eut deviné cette vocation, il l'encouragea et se plut à la cultiver avec un zèle et une charité que Dieu a largement bénis.

Du reste, dès qu'il voyait une œuvre de zèle à entreprendre, il s'y appliquait avec une ardeur extrême : après avoir prié, il cherchait, il étudiait les moyens de la faire réussir ; puis il s'y dévouait sans éclat et sans bruit, mais avec une persévérance infatigable. Lors même que le succès paraissait presque impossible, il ne se croyait pas pourtant dispensé de chercher à l'obtenir.

C'est ainsi qu'il entreprit, n'étant encore que séminariste, une œuvre qu'il voulut poursuivre étant prêtre, et pour laquelle il employa toutes les pieuses industries que lui suggérait sa charité.

Un prêtre natif de Villers, atteint d'un mal funeste, contre lequel, hélas ! la science était restée impuissante, avait dû quitter son poste pour venir, au milieu des siens, prendre un repos que son état rendait nécessaire. Depuis longtemps déjà il se tenait dans le plus complet isolement, écartant jusqu'à ses meilleurs amis. Grâce à une persévérance que rien ne put lasser, grâce à des attentions délicates, à un tact parfait, l'abbé Outrequin sut se l'attacher et entrer même dans son intimité. Pour aider au relèvement intellectuel d'un esprit qui avait conservé dans un certain rayon une remarquable puissance, le jeune séminariste amenait la conversation sur la théologie ou sur l'histoire, il proposait des doutes, sollicitait l'étude *in extenso* de certains traités ou de questions intéressantes et actuelles. Malheureusement la cécité, en venant aggraver l'état de son ami, arrêta du même coup les résultats heureux déjà obtenus et mit à néant tout espoir d'une véritable amélioration.

L'abbé Outrequin fit à Issy et à Saint-Sulpice de bonnes et fortes études. Il ne chercha jamais à briller, il aimait au contraire à passer inaperçu ; mais les solides et sérieuses qualités des meilleurs séminaristes il les avait toutes. Travailleur par devoir, il avait en même temps un attrait prononcé pour les études ecclésiastiques ; esprit droit, homme de foi par dessus tout, il pénétrait facilement la science sacrée, et en particulier la Théologie morale et mystique.

Par ses notes et ses résumés, par ses correspondances avec le prêtre dont nous avons déjà parlé, il est facile de voir quel intérêt et quelle importance il attachait à l'étude. Sa piété le portait comme naturellement vers les sciences ecclésiastiques ; son esprit et sa foi s'éclairaient à ces foyers de lumière ; son cœur et sa charité puisaient dans la Sainte-Écriture, dans la doctrine des Pères, dans l'histoire de l'Église et des Saints des ardeurs nouvelles : il cherchait sincèrement et uniquement Jésus et Marie dans les livres.

Un de ses directeurs pendant quelque temps

l'avait cru appelé à la vie religieuse. Avec sa docilité d'esprit habituelle, l'abbé Outrequin essaya de suivre cette idée, mais ses attraits étaient tout autres : sa place n'était pas ailleurs que dans les rangs du clergé séculier, et sa dévotion envers Marie devait lui tenir lieu des secours particuliers qu'un religieux trouve dans sa règle, dans la vie commune ou même dans la clôture.

Son directeur ne tarda pas du reste à s'en convaincre, et dix ans plus tard il pouvait lui écrire : « J'ai lu avec beaucoup d'intérêt votre récit envoyé à vos confrères. C'est une situation comme il y en a peu, et je crois que l'on trouverait rarement des jeunes prêtres qui puissent s'y accommoder comme vous. Je me dis quelquefois que ce fut un beau jour quand les velléités de vie religieuse firent place à la décision de s'en tenir au clergé séculier. Un prêtre qui a une sérieuse et tendre dévotion envers Marie peut tout affronter. »

Cette dévotion était en effet si grande, et nous pourrions dire si extraordinaire, qu'elle édifiait son directeur lui-même.

« Depuis longtemps, lui écrivait ce digne prêtre, j'attendais chaque jour votre chère lettre ; enfin elle est venue, et comble tous mes désirs ; car j'aime bien à vous entendre parler de la divine Marie.

« J'admire comment la bonne Mère vous a fait comprendre le bonheur et la sécurité que l'on trouve à reposer dans ses bras et sur son cœur. Que vous serez heureux si Marie vous obtient la grâce de faire passer dans les âmes qui vous seront confiées, la confiance dont elle a inondé la vôtre ! Il n'est pas de plus sûr moyen pour aller à Dieu. »

Le temps des engagements sacrés et irrévocables approchait, et le jeune clerc l'attendait impatiemment ; il n'avait aucun de ces doutes, ni aucune de ces hésitations qui jettent de si vives inquiétudes et tant d'anxiété dans certaines âmes délicates et craintives. Ne devait-il pas cette confiance et cette douce sécurité à sa dévotion envers Marie ? « Qu'il est bon, mon cher ami, lui écrivait son directeur, à la veille du sous-diaconat, d'être rempli de confiance ! Sans cela qui oserait approcher ? Mais quand on a été conduit, comme vous l'avez été, par la main de la Très-Sainte Vierge, que craindrait-on ? »

Le trait caractéristique de l'abbé Outrequin, la note dominante de sa piété pendant les années du séminaire, fut donc bien sa dévotion envers la sainte Vierge ; elle frappait tous ceux qui le connaissaient.

« Ses lettres de vacances, écrivait quelques semaines après sa mort un prêtre de Saint-Sulpice, ne parlaient que de la Sainte Vierge, et plusieurs fois j'en ai lu certains passages à quelques-uns de mes dirigés, pour leur montrer comment il faut aimer Marie.

« Son livre préféré à cette époque était la *Paraphrase du Salve Regina* de Saint Alphonse de Liguori. Il ne se lassait pas de le lire et de le relire.

« Quatorze années se sont écoulées, ou peu s'en faut, depuis son séjour à Issy ; ma mémoire malheureusement ne me rappelle aucun détail précis pouvant offrir quelqu'intérêt ; mais le souvenir de son abandon filial avec son directeur, de son entière docilité et surtout de la suave tendresse qu'il avait pour Marie, est toujours resté en moi un souvenir doux et vivant. » (1)

(1) Lettre d'un directeur du Séminaire d'Issy.

Le séminaire avait développé et affermi en l'abbé Outrequin les habitudes et l'amour d'une vie de règle ; aussi, avant de le quitter s'était-il tracé un plan de conduite conçu avec une véritable sagesse.

Transcrire ce règlement sera faire mieux connaître l'abbé Outrequin ; car il l'a suivi avec une persévérance qui ne s'est jamais démentie. Le voici donc à peu près tel qu'il fut écrit à la veille de l'Ordination de la prêtrise :

« RÈGLEMENT DE VIE SACERDOTALE.

VIE PRIVÉE.

« Qui regulâ vivit, Deo vivit. » (S. Grég.) (1).

« Qui regulâ vivit, vivit puriùs, cadit rariùs, surgit velociùs, incedit cautiùs, irroratur frequentiùs, quiescit securiùs, moritur fiduciùs, purgatur citiùs, præmiatur copiosiùs. » (S. Bern.) (2).

(1) Celui qui est soumis à une règle, vit pour Dieu.

(2) Celui qui obéit à une règle, vit plus saintement, tombe plus rarement, se relève plus promptement; ses démarches sont plus sages, il reçoit plus fréquemment la rosée de la

« Le règlement que je dois me tracer doit se rapprocher le plus possible de celui du séminaire.

« A un ecclésiastique, qui lui demandait le moyen d'être un saint prêtre, le curé d'Ars répondit : « Soyez séminariste toute votre vie. » — Mgr de la Motte, étant chanoine et grand vicaire, et même devenu évêque d'Amiens, menait, autant qu'il le pouvait, la vie d'un séminariste ; et il avait coutume de dire que les meilleurs prêtres qu'il eût connus étaient ceux qui avaient conservé l'habitude de vivre ainsi.

« Tantum proficies; quantum tibi ipsi vim intuleris. » (1). Cette parole de l'Imitation qui me fut rappelée par mon directeur et qui me fit tant d'impression, la troisième année de mon séminaire, m'avertit que mes progrès dans la vertu seront en rapport, non point avec la ferveur sensible ou les consolations que je pourrai avoir, mais avec la fidélité que je mettrai à suivre mon

grâce; son repos est plus paisible, sa mort plus confiante; il est plus vite purifié et sa récompense est plus grande.

(1) Tu ne feras de progrès dans la vertu, qu'autant que tu te feras violence. — (Imitation I, ch. xxv).

règlement. Je me ferai donc une loi de n'y jamais déroger par caprice ou par lâcheté, mais seulement dans les cas où la nécessité, la charité ou une complaisance bien entendue pourrait l'exiger.

« Quand je ne pourrai obéir en tous points à mon règlement, à l'exemple du matelot contraint par la tempête de jeter à la mer une partie de ses marchandises, je sacrifierai ce qu'il y a de moins essentiel, à regret et le plus tard possible.

« *Oraison.*

« Elle m'est nécessaire pour conserver et développer en moi l'esprit de foi et pour me rendre apte à le développer chez les autres, par *l'exemple* aussi bien que par la *parole*. « Pas d'oraison, pas de prêtre. » (M. Mollevaut.)

« 1° Je la ferai le matin, dès mon lever, ou dans un cas d'impossibilité véritable, au premier moment libre.

« Il importe donc : 1° de me lever assez tôt pour disposer d'un temps notable avant de célébrer la Messe ; 2° de réciter Matines et Laudes la veille et de me coucher d'assez bonne heure ; 3° d'éviter le soir les visites prolongées qui pourraient me distraire de l'oraison. 4° Je dois la préparer la veille en prenant connaissance du sujet, au moins d'une manière générale et succincte.

« *La Sainte Messe.*

« La préparation ne doit pas être négligée , surtout quand cette action si sainte ne peut être précédée de l'oraison, afin de bannir toute pensée étrangère avant de monter à l'autel.

« Pendant le *Saint Sacrifice,* je veillerai sur moi avec une attention scrupuleuse, pour observer exactement toutes les cérémonies.

« Je me rappellerai que la manière dont le prêtre célèbre la Sainte Messe peut donner une grande édification, ou être la cause d'un vrai scandale. Un maintien peu respectueux chez le célébrant, les cérémonies accomplies à la hâte ou d'une manière défectueuse pourraient faire naître chez certaines personnes des doutes contre la foi.

« Mon *action de grâces* sera d'un quart d'heure. L'omettre entièrement serait une marque d'ingratitude ; or, selon Saint Bernard, rien ne tarit la source des grâces comme l'ingratitude, tandis que la reconnaissance élargit le canal qui nous les communique. Je tiendrai donc plus à l'action de grâces qu'à l'oraison elle-même, je la regarderai comme le moyen le plus sûr d'attirer sur moi et sur mes travaux les bénédictions de Dieu.

« *Bréviaire.*

« Le Bréviaire est la *Prière de l'Église;* cette prière récitée simultanément par tout le clergé catholique, est plus agréable à Notre Seigneur que toute autre.

« Mon maintien, en récitant le Bréviaire, sera respectueux et modeste ; et je n'accorderai rien à la nonchalance.

« Il faut éviter à tout prix de laisser s'accumuler une grande partie de l'Office pour les moments de la journée où l'esprit est moins bien disposé et la précipitation inévitable ; telle est la soirée, par exemple. Ma propre expérience m'a déjà appris que cette récitation tardive enlève la ferveur et le recueillement, et fait du Bréviaire une charge pénible.

« *Lecture spirituelle.*

« Je la ferai d'une demi-heure avec application.

« Qui vult cum Deo esse frequenter debet orare et *legere.* Nam quum oramus, ipsi cum Deo loquimur : quum vero legimus, Deus nobiscum loquitur. Omnis profectus ex lectione et meditatione procedit. » (S. Isidor.) (1).

« La lecture spirituelle est *l'huile de la lampe de l'oraison.* Hélas! combien de lampes s'éteignent chaque matin faute d'huile !

« *Visite au très Saint Sacrement.*

« Elle est surtout l'office du prêtre et elle édifie les fidèles. En la rapportant à la Sainte

(1) « Celui qui veut demeurer avec Dieu doit fréquemment prier et *lire.* Lorsque nous prions, nous parlons nous-mêmes à Dieu; lorsque nous *lisons*, c'est Dieu qui nous parle. Tout progrès spirituel vient de la lecture et de la méditation.

Messe, elle peut servir de préparation et d'action de grâces éloignées. Elle est propre à entretenir et à développer en moi et dans les autres la dévotion au T. S. Sacrement.

« Soyez sûr, dit S. Alphonse de Liguori, que le temps que vous emploierez à vous entretenir avec dévotion devant le Saint Sacrement sera celui qui vous procurera le plus d'avantages, et *sachez que vous y gagnerez quelquefois plus en un quart-d'heure que dans tous les autres exercices de la journée.* »

« Il est vrai que le Seigneur exauce en tous lieux les prières de ceux qui recourent à lui, puisqu'il a dit : « Demandez et vous recevrez ; » mais c'est au Saint Autel surtout qu'il se plaît à répandre ses grâces et à exaucer nos désirs.... Où les saintes âmes ont-elles jamais pris de plus généreuses résolutions qu'en présence de ce divin Sacrement ? Savez-vous donc si ce n'est pas au pied de quelque tabernacle que vous devez prendre vous-même la résolution de vous donner enfin tout à Dieu.

« Pour moi, il faut que je le déclare ici, par reconnaissance et pour la gloire de mon Sauveur dans l'Eucharistie : c'est aux visites que je lui ai rendues, quoique avec froideur et imperfection, que je dois de me trouver aujourd'hui hors du monde, où, pour mon malheur, j'ai vécu jusqu'à l'âge de 26 ans; heureux êtes-vous si vous pouvez vous en détacher plus tôt que je ne l'ai fait et ne pas tant tarder à vous donner à ce bon Maître qui s'est donné tout à vous. » (1).

« *Chapelet et oraisons jaculatoires.*

« Je le réciterai tous les jours et je forme la résolution de ne jamais me coucher sans en avoir dit au moins cinq dizaines. Cet exercice est celui où je suis le plus exposé à la distraction; et c'est pourtant un de ceux qui peuvent affermir davantage ma dévotion envers la Sainte Vierge.

« Le plus fréquemment possible, je ferai des oraisons jaculatoires avec toute la ferveur dont je serai capable. Je m'exercerai à me servir des créatures pour élever mon âme vers Dieu, comme

(1) Manuel des Vacances. — Médit. sur la fête de S. Alp. de Lig. — 2 août (p. 429).

saint François de Sales enseigne à le faire dans son *Introduction à la vie dévote*

« *Sanctions* :

« *Examen particulier quotidien.*

« Il est un puissant moyen pour me rendre fidèle à mes exercices religieux ; il est le complément nécessaire de l'oraison et on peut l'appeler la *Balance des comptes* du prêtre.

« Il doit avoir pour objet : 1° la passion dominante ; 2° le mal commis et les causes de ce mal ; 3° le bien omis ; 4° les résolutions de l'oraison.

« L'examen sans contrition et sans ferme propos n'est guère utile. Pour assurer l'effet de la contrition et du ferme propos, il serait bon, au moins de temps en temps, de faire, dans les 24 heures, une petite pénitence pour les manquements du jour précédent et à l'examen suivant de s'assurer que la pénitence a été accomplie.

« *Retraite du mois.*

« Je choisirai pour la faire le premier vendredi du mois ; et je préviendrai même ce jour, si je prévois quelque empêchement, ou je prendrai le premier jour libre après le premier vendredi, mais je n'omettrai jamais cet exercice.

« Il en est de notre volonté comme des poids d'une horloge, qui baissent toujours.

« *Retraite ecclésiastique.*

« C'est l'inventaire spirituel du prêtre : pas d'inventaire, banqueroute menaçante. Elle est comme un mémorial de la vie du séminaire, et des bonnes dispositions que l'on y puisait. On doit la regarder comme le suprême moyen de prévenir des chutes terribles et quelquefois imminentes.

« Donc, coûte que coûte, fidélité à cet exercice annuel, malgré tous les prétextes que je prévois devoir m'être suggérés par la diminution de la ferveur ou par les appréhensions de la nature qui redoute la fatigue ou l'ennui d'une retraite.

« *Admoniteur.*

« Si je trouve quelqu'un qui puisse me rendre ce service, je mettrai de côté le respect humain et la timidité pour lui demander et pour recevoir avec reconnaissance ses avertissements. »

Telle est la règle de vie qui inspirera tous les actes de l'abbé Outrequin dès le premier instant de son ministère sacerdotal, et qui lui donnera le secret de vivre toujours, suivant la pensée de Saint Grégoire, en Dieu et pour Dieu.

Avant de quitter le Séminaire, plusieurs des jeunes prêtres de l'ordination de 1875 s'étaient promis de rédiger alternativement, chaque mois, une lettre circulaire qu'ils se transmettraient les uns aux autres. Cette lettre devait faire connaître aux confrères associés, la situation, les succès ou les difficultés, les réflexions ou les vues personnelles de celui qui l'écrivait. Si l'on remarque que les anciens élèves de Saint-Sulpice se trouvent assez souvent disséminés en divers diocèses, éloignés les uns des autres, séparés des directeurs qui ont veillé sur leur jeunesse cléricale, on comprendra à quels besoins pouvaient répondre ces lettres circulaires : elles devaient entretenir l'esprit sacerdotal et rappeler les résolutions prises, les promesses faites à Dieu pendant le séminaire ; elles avaient aussi pour but de conserver et même de développer ces amitiés fortes et solides, nées aux pieds des autels, aux heures de l'ordination, alors que l'âme du prêtre se formait. Par ce moyen, le zèle de chacun pouvait être ranimé et réveillé, grâce à des exemples édifiants, à de salutaires encouragements ; puis, dans ces épanchements de l'amitié, les cœurs affligés trouveraient un soulagement et des consolations ; tous enfin, par le lien vivace qui les unirait, se sentiraient plus forts pour rester, au milieu du monde, ce que le séminaire les avait faits. L'abbé Outrequin fut heureux d'entrer dans cette pieuse association.

Nous citerons plus loin quelques fragments de ses circulaires ; le lecteur n'y trouvera pas moins d'édification que les pieux confrères auxquels il les adressa. Mais faisons du moins remarquer ici avec quelle persévérance il demeurait fidèle à tout ce qu'il avait résolu.

Quelques années après la sortie du séminaire, un des membres de l'association étant parti en Amérique, on avait proposé de remettre la correspondance à deux mois, l'abbé Outrequin écrivit aussitôt à tous ses confrères pour les conjurer de rester fidèles à leurs engagements mutuels et de persévérer dans leur pieuse et fraternelle résolution.

Les années du séminaire touchaient pour lui à leur terme. Aux souffrances morales qu'il avait endurées autrefois, les souffrances physiques avaient succédé. Ces épreuves que, dans sa ferveur et son désir si ardent de perfection, il avait demandées à Dieu, il les avait trouvées. Elles furent à Issy et à Saint-Sulpice presque continuelles; elles exigèrent de sa part une grande énergie et une grande patience, car la vie commune et la volonté de s'appliquer malgré tout à ses chères études devaient les lui rendre bien pénibles. Plusieurs fois il crut qu'elles surpasseraient ses forces et craignit de ne voir jamais le jour qui devait combler tous ses vœux ; mais Marie veillait sur lui.

CHAPITRE III.

LA PRÊTRISE. — PÈLERINAGE A ROME.

Le jour si ardemment désiré arriva : l'abbé Outrequin fut ordonné prêtre par Mgr Guibert, archevêque de Paris, dans l'église Saint-Sulpice, le 18 décembre 1875.

Le 18 décembre, fête de l'Attente du Divin Enfantement, appelée aussi fête de Notre-Dame de l'Espérance! Quel beau jour pour devenir prêtre, et surtout pour devenir « le Prêtre de la Très Sainte Vierge, » comme il devait l'être! Quel beau jour pour prendre sur la terre, en recevant le sacerdoce, la place même de Jésus, et devenir plus entièrement et plus parfaitement le fils dévoué de sa divine Mère! Combien il dut goûter ce jour et cette fête, lui qui avait le culte des jours consacrés à Marie et qui a pris un soin si religieux de remarquer que la plupart des événements notables de sa vie coïncidèrent avec quelque fête de la Très Sainte Vierge.

Les émotions de ce grand jour, les sentiments qui remplirent alors son âme se reflètent dans les notes qu'il confia à son cahier de retraites.

Le soir du 19 décembre, jour de sa première Messe il écrivait :

« SENTIMENTS SUR MON ORDINATION,

« *Pour servir à ranimer mon ardeur et ma confiance dans les moments de découragement.*

« Je suis Prêtre, et pour l'éternité ! J'ai osé me présenter à l'ordination avec confiance en m'appuyant :

« 1° Sur l'obéissance ; car j'ai tout fait pour connaître la volonté de Dieu à cet égard : « *Si error est, a te decepti sumus.* » Ne pas avancer eût été un acte de désobéissance.

« 2° Sur l'infinie miséricorde de Dieu qui peut me sauver, malgré mon indignité. J'ai vu, pendant ma retraite préparatoire à l'ordination, que la confiance en la miséricorde de Dieu renferme le plus grand acte d'humilité.... c'est l'espérance contre toute espérance, c'est l'humilité de l'humilité.

« 3° Sur la bonté de la Très Sainte Vierge Marie, ma mère. C'est dans cette ordination que j'ai pu lui adresser, je crois, le meilleur *Souvenez-vous* de ma vie ; il fut plus fervent encore que celui de mon sous-diaconat. Une mère n'a-t-elle pas une sollicitude d'autant plus grande que les périls et les besoins de son enfant sont plus pressants ? Et l'enfant qui, dans ces circonstances si solennelles, se repose uniquement sur la sollicitude de sa mère, ne fait-il pas l'acte qui doit lui être le plus agréable, et ne l'oblige-t-il pas en quelque sorte à lui accorder l'appui qu'il demande ?

« 4° Sur la miséricorde passée de Dieu et de Marie à mon égard. Je dois à cette miséricorde d'avoir échappé à bien des périls moraux et physiques, tentations surmontées, maladie guérie (1),

(1) En octobre 1868, une fièvre typhoïde très-grave avait mis ses jours en danger.

et tout cela d'une manière sinon miraculeuse, du moins tout à fait extraordinaire à mes yeux; en sorte que pour moi, arriver au moment de l'ordination sain et sauf du côté de l'âme et du côté du corps, c'est une marque que Dieu me veut dans le sacerdoce.

« 5° Sur les nombreuses prières et neuvaines faites pour les ordinands, et en particulier sur celles qui ont été faites pour moi par mes parents, par les fidèles, par bon nombre de prêtres et de jeunes enfants.

« 6° Sur une bénédiction toute spéciale que M. Icard, pendant son séjour à Rome, a demandée pour nous au Souverain Pontife : « Je bénis, « lui a répondu le Pape, tous les ordinands de « Saint-Sulpice, et *surtout les Prêtres.* »

En sondant sa conscience pour chercher en lui-même quels motifs il avait d'espérer ou de craindre en recevant le sacerdoce, l'abbé Outrequin reconnaissait que, malgré bien des périls, il était resté « sain et sauf du côté de l'âme. » Ceux qui l'ont connu diront s'il était capable de se juger avec trop d'indulgence; il fallait, croyons-nous, que son âme fût restée bien pure et bien exempte de toute faute grave, pour que pareil témoignage pût lui échapper.

Il célébra pour la première fois la Messe à l'autel de la sainte Vierge en l'église St-Sulpice. M.l'abbé Dieu, aujourd'hui curé de St-Honoré, à Amiens, l'assistait à l'autel, et un de ses anciens condisciples de Saint-Stanislas remplissait les fonctions de servant de messe.

Sa seconde messe fut dite à l'autel privilégié de Notre-Dame des Victoires, et la troisième à l'autel près duquel sont ensevelis les Pères Jésuites, martyrs de la Commune.

Ce fut le 22 décembre qu'il célébra sa première messe solennelle en l'église de Villers. La joie fut grande dans cette paroisse en cette circonstance; car on vénérait et on aimait M. l'abbé Outrequin : sa piété exemplaire, sa modestie, la charité dont il savait user envers tous avaient fait deviner les trésors de grâces amassés dans son âme. On s'attendait à trouver en lui un prêtre modèle et on espérait une riche moisson de ce ministère qui allait commencer : ces prévisions étaient justes et devaient pleinement se réaliser; nous pourrions même ajouter que les vues de

Dieu sur ce jeune prêtre, et que les espérances fondées sur lui par la Très Sainte Vierge étaient encore plus hautes que celles des hommes.

A la réunion de famille qui suivit la cérémonie de la première messe, M. l'abbé Delplanque, curé de Villers, inspiré par ses sentiments d'estime et de vive affection pour l'abbé Outrequin avait prononcé ce vivat : « *Ad multos annos!* Longs et heureux jours à M. l'abbé Outrequin. » Ce vœu qui aura paru stérile aux hommes fut pourtant entendu et exaucé de Dieu. Dans ses jours trop peu nombreux, le jeune prêtre fournira une grande carrière, et sa vie si courte sera assez pleine de mérites pour que bientôt la divine Providence la juge assez longue.

Au lendemain de son ordination, M. Outrequin sollicita de son évêque, Mgr Bataille, l'autorisation de faire le pèlerinage de Rome ; il désirait ardemment recevoir la bénédiction du Souverain Pontife Pie IX, et il voulait aller à Lorette remercier la Très Sainte Vierge de ce qu'elle l'avait conduit jusqu'au sacerdoce.

Pendant les semaines qui précédèrent son départ pour l'Italie, il consacra son zèle à préparer à la mort un vieil ouvrier, attaché depuis quarante ans à la maison paternelle. Ce brave homme arrivait au terme d'une longue et douloureuse maladie pendant laquelle l'abbé Outrequin lui avait déjà prodigué les marques du plus vif intérêt et les plus salutaires consolations. Pendant les dernières semaines, le jeune prêtre le visita avec un admirable dévouement : il prolongeait ses visites pendant les heures où le pauvre malade se trouvait seul, délaissé par ses proches, qui étaient obligés de le quitter pour aller à leur travail. Il lui apportait des livres ; et avec un zèle déjà éclairé et industrieux, il mettait tout en œuvre pour encourager cette pauvre âme et lui faire du bien. L'abbé Outrequin vit sa charitable sollicitude largement récompensée; car quelques heures avant de mourir, le pauvre ouvrier disait à son cher consolateur : « Comme vous me le suggérez, M. l'abbé, oui, je fais à Dieu le sacrifice de ma vie ; et j'ai la ferme confiance que j'en serai récompensé au centuple. »

Le 2 février 1876, l'abbé Outrequin obtenait la permission de faire le voyage de Rome. Son départ eut lieu peu de jours après. Il voit successivement Marseille, Gênes, Pise, Florence. A Pise, il visite le *Campo Santo,* et admire les peintures des grands maîtres qui en décorent les murs claustraux; il est touché de la pensée de foi qui inspira aux anciens habitants de Pise de faire venir d'Orient cinquante-trois vaisseaux chargés de terre enlevée sur le Golgotha, et de transporter cette terre dans le *Campo santo* pour servir à leur sépulture.

A Florence, il admire les vastes proportions de la cathédrale, puis le baptistère. Il voit avec une grande satisfaction les œuvres si remarquables de Raphaël, du Titien; mais il refuse l'offre qui lui est faite de visiter le palais du roi usurpateur des États Pontificaux (1).

Le billet circulaire qu'il avait pris à Marseille pour parcourir l'Italie, le conduisait à Rome par Livourne, Orbitello, Civita-Vecchia, en suivant les côtes de la Méditerranée ; mais

(1) Avant que la spoliation des États Pontificaux ne fût consommée par l'invasion sacrilège de la ville de Rome, le roi piémontais, Victor Emmanuel, instrument de la Révolution italienne, avait transféré sa capitale de Turin à Florence.

Assise l'attirait, et plutôt que d'être privé du pèlerinage qu'il désirait y faire, il modifia son itinéraire, et fit, à nouveaux frais, le voyage de Florence à Rome, en passant par Assise.

Le 18 février, il arrive dans la ville natale du Patriarche de l'Ordre Séraphique.

« A Assise, écrit-il, je trouve les premières et véritables émotions de mon voyage. Le guide Joanne dit qu'il faudrait consacrer cinq ou six jours à visiter Florence, mais que pour Assise moins de trois heures suffisent : je ne partage pas sa manière de voir. Assise, petite ville de 4,500 habitants, serait, dit-on, plus ancienne que Rome; ses maisons sont, en effet, remarquables par leur cachet d'antiquité. Le couvent est une immense construction du XIIIe siècle, assez semblable, lorsqu'il est vu de loin, à une forteresse bâtie sur un rocher. Près de là, sont trois églises superposées et ornées de magnifiques peintures.

« Un frère convers me fit voir tout ce qui peut intéresser un visiteur étranger : le lieu précis de la naissance de saint François, l'endroit où il fut emprisonné par son père, le crucifix miraculeux qui lui parla. Je pus vénérer aussi les reliques de Sainte Claire et pénétrer dans le réfectoire du couvent des Franciscains, où cette Sainte multiplia miraculeusement le pain en le bénissant. Je vis enfin la custode dans laquelle elle portait le Saint-Sacrement lorsqu'elle mit en fuite les Sarrasins. »

Avant de quitter Assise, le pieux pèlerin célébra la sainte Messe sur le tombeau du Patriarche des trois Ordres Franciscains : « J'ai prié, dit-il, pour tous ses disciples du premier, du deuxième et du Tiers-Ordre ; j'ai demandé à notre saint Patron de nous obtenir un peu de cette humilité qu'il pratiquait avec une perfection si étonnante. Je pensais alors à tant de franciscains qui souhaiteraient de pouvoir faire le même pèlerinage que moi et venir célébrer la Messe ou faire la sainte Communion au tombeau même de saint François... »

Le 19 février, vers le soir, l'abbé Outrequin arrivait à Rome, remerciant Dieu et la Très Sainte Vierge de l'avoir heureusement conduit au terme de son pèlerinage. « Qu'il me tardait, écrit-il le soir même de son arrivée, d'être enfin dans la ville des Papes ; et maintenant encore, j'ai peine à me persuader que je suis si près du Souverain-Pontife. »

Dès les premiers jours de son arrivée, il s'empressa de solliciter une audience du Saint-Père. M. l'abbé Vallet, à qui il avait été particulièrement recommandé, voulut bien le diriger dans les démarches à faire et le guider plus d'une fois dans la visite des églises ou des lieux remarquables de la ville de Rome.

Par un concours de circonstances fortuites, notre jeune pèlerin eut la bonne fortune de visiter l'une des plus célèbres catacombes de la Ville sainte, la catacombe de saint Callixte, sous la conduite de M. le chevalier de Rossi. Il eut ainsi la satisfaction d'entendre de la bouche même du célèbre archéologue, le récit de ses récentes découvertes. Voici un fragment de lettre où se trouve racontée cette intéressante particularité de son voyage de Rome.

« En quittant le secrétariat du Vatican, M. Vallet, avec qui je me trouvais, rencontre par hasard Pierre Turgis, (1) qui faisait visiter

(1) Pierre Turgis était un breton originaire de Vitré (Ile-

à plusieurs personnes les appartements et les jardins du Pape. M. Vallet, qui le connaît de longue date, échange avec lui quelques paroles et nous nous mettons à le suivre. Dans le jardin particulier qui est l'unique promenade du Pape, nous rencontrons un fac-simile de la grotte de Lourdes : la fontaine s'y trouve et la ressemblance est complète ; c'est un présent d'un riche français. Arrivé devant la statue de la sainte Vierge, Pierre nous dit : « Nous allons réciter « un *Ave Maria*, comme le Saint Père ne manque « jamais de le faire lorsqu'il vient ici. »

Dans une autre partie du jardin, il y a un petit colombier : « les tourterelles et les pigeons qui l'habitent connaissent bien le Pape et viennent parfois, nous disait Pierre, manger dans sa main quelques miettes de pain. »

« Les visiteurs que nous avions suivis pour entrer dans les jardins du Vatican, avaient hâte de repartir afin d'être exacts au rendez-vous que leur avait donné M. de Rossi à la catacombe de

et-Vilaine). Après avoir été zouave pontifical, il fut attaché au service du Cardinal Villecourt, puis devint le valet de chambre du Pape Pie IX.

saint Callixte; nous obtenons facilement la permission de les accompagner dans leur intéressante excursion.

« Avoir M. de Rossi pour guide dans la visite des catacombes est un avantage aussi grand que d'avoir, pour se diriger dans la visite d'un vaste monument et pour en étudier les détails, l'architecte même qui l'a construit; M. de Rossi, dont les travaux sont appréciés de toute l'Europe, est un archéologue et un savant d'une très grande érudition ; c'est à lui qu'est confiée la direction des recherches et des fouilles dans les catacombes.

« Pendant une heure et demie, au milieu de ce dédale de rues sombres, dont les murs sont garnis d'ouvertures où furent déposés les corps de tant de martyrs et de chrétiens des premiers siècles, M. de Rossi nous initia à ses récentes découvertes. Il nous indiqua en particulier à l'aide de quelles données historiques on a pu découvrir et reconnaître les reliques de sainte Cécile ; il suffit de l'entendre pour comprendre combien les travaux auxquels il se consacre donnent de force et d'autorité à l'histoire et aux dogmes du catholicisme.

« Ces souvenirs des premiers siècles et ces monuments de *l'ère des martyrs* ne parlent pas moins au cœur qu'à l'esprit. Comment ne pas être heureux de voir notre foi et notre sainte religion confirmées par de si nombreux et de si illustres témoignages ? Comment ne pas se réjouir de voir l'Église, dont l'autorité est si méconnue et dont les enseignements sont attaqués avec un si grand acharnement, exhumer de la poussière des catacombes des preuves irréfragables de ses affirmations, et des témoignages d'une force irrésistible en faveur des faits bibliques de l'Ancien et du Nouveau Testament ? »

Le vendredi 3 Mars, l'abbé Outrequin célébrait la sainte messe à l'autel de la Confession de saint Pierre.

« J'ai eu aujourd'hui la consolation, écrivait-il, de satisfaire l'un de mes vœux les plus ardents; j'ai célébré la messe sur le tombeau du Prince des Apôtres. C'est vraiment là le centre du monde catholique : le tombeau est au centre de la basilique et dans le monde entier tout converge vers cette basilique! »

Il obtint deux audiences du Souverain-Pontife.

A la seconde, le jeune prêtre, encore bien ému et vivement impressionné, adressa au Saint-Père cette demande : « Très-Saint Père, veuillez me « permettre d'assister demain à votre messe. » — « Je n'oublierai jamais, a écrit l'abbé Outrequin, l'expression de bonté et de douceur que je remarquai alors sur le visage du Pape et la manière dont il accueillit ma demande ; car il me répondit aussitôt : « Mais certainement : » et se tournant vers le camérier qui le précédait, il lui recommanda de prendre note de ma demande. En effet, on inscrivit mon nom et mon adresse, et quelques heures plus tard, un cavalier de la garde du Pape venait m'apporter à *l'Hôtel de Turin*, une lettre d'admission pour le jour suivant, à 7 heures 1/4.

« Le lendemain, j'arrivai donc au Vatican à l'heure fixée ; je fus introduit dans une salle communiquant avec la chapelle privée du Souverain-Pontife par une porte ouverte à deux battants. Quelques minutes s'écoulent, et nous voyons arriver le Saint Père marchant assez péniblement et s'appuyant sur un bâton. Après une courte prière, (car sa préparation est faite lorsqu'il arrive dans sa chapelle), il se revêt des ornements sacerdotaux. Je ne vous dirai pas la richesse de ces ornements, c'est chose que l'on devine. Pour monter le degré de l'autel, le Pape s'appuie sur ses deux servants ; c'est alors que l'on peut voir comment il fléchit sous le poids des années.

« Que vous dirai-je de la manière dont il célèbre les saints mystères ? Il le fait comme un saint prêtre peut le faire ; il y met beaucoup de dignité et apporte une certaine lenteur dans la récitation des prières. Une chose m'a frappé, et je ne l'oublierai pas : au *Memento des Vivants*, le Pape fait une pause très longue ; il paraît complètement absorbé dans la prière la plus humble, et comme accablé sous le poids de la responsabilité de l'Église entière. La messe dura plus d'une demi-heure et fut immédiatement suivie d'une messe d'actions de grâces, pendant laquelle un chapelain se mit à réciter à haute voix les grandes litanies des Saints. »

En quittant Rome M. Outrequin alla visiter Naples, puis arriva à Lorette le 18 mars, fête de l'archange Gabriel et veille de saint Joseph.

« Etait-il possible, écrit-il, de se trouver à Lorette en un meilleur jour? Voici deux fêtes qui ont un rapport intime avec la maison de la Très Sainte Vierge ; c'est une coïncidence providentielle que je n'avais nullement prévue en quittant Naples.

« Ce matin, fête de saint Gabriel, j'ai eu le bonheur de célébrer la messe dans la *Santa Casa ;* nous lisions l'évangile de l'Annonciation, où se trouve le céleste entretien que l'Ange eut avec Marie, précisément entre ces quatre murs. Là était Gabriel, là était Marie lorsque le grand mystère lui fut révélé par le céleste ambassadeur : cette seule pensée suffit à donner de la dévotion! Là fut prononcé pour la première fois l'*Ave Maria* ; là s'accomplirent les mystères dont l'*Angelus* nous rappelle si souvent le souvenir. Au dessus de l'autel de la *Santa Casa*, on lit, non sans émotion, ces mots : « *Hic Verbum caro factum est, et habitavit in nobis. — Ici le Verbe s'est fait chair, afin d'habiter parmi nous.* »

« Je ne vous dirai pas combien je suis heureux d'être à Lorette, vous l'avez deviné ; c'est le pèlerinage que j'avais si ardemment désiré de faire: il me tenait même plus au cœur que celui de Rome. Je crois devoir à Notre-Dame de Lorette d'être si bien portant maintenant, après avoir tant souffert au séminaire. »

Un des principaux motifs qui l'avaient déterminé à faire le voyage d'Italie était, en effet, nous l'avons dit, de remercier la Très Sainte Vierge dont la protection spéciale l'avait conduit jusqu'à la prêtrise, malgré le triste état de sa santé.

Si, depuis quelque temps, il avait eu moins à souffrir des infirmités qui s'étaient si sérieusement aggravées pendant son séminaire, ces infirmités n'avaient pourtant point disparu.

Bien qu'il se soit ouvert avec très peu de personnes de la *guérison complète* qu'il obtint à la suite de son pèlerinage de Lorette, nous avons des raisons sérieuses d'en faire mention dans ce récit, comme d'une marque très certaine de la bonté de Marie envers son fidèle serviteur. Sur une petite feuille écrite de sa main, nous lisons:

« 1876, 19 *mars, saint Joseph !*

« *Guérison complète à Notre-Dame de Lorette en Italie.* »

Son directeur de Saint-Sulpice lui permit de croire, et crut lui-même à une grâce signalée obtenue par l'intercession de la Très Sainte Vierge ; car dans une lettre écrite le 5 juillet 1885, plusieurs semaines après la mort de l'abbé Outrequin, ce prêtre si sage et si éclairé confirme le fait attesté par la note que nous venons de transcrire.

Après avoir rendu témoignage à la piété, à la régularité de son pieux pénitent et à sa grande dévotion envers Marie, il ajoute : « Il souffrait beaucoup d'une infirmité qui l'obligeait de temps en temps à recourir à un homme de l'art. Des soins intelligents pouvaient diminuer ses douleurs ; mais le mal, je crois bien, était incurable. Il me raconta en témoignant reconnaissance pour sa bonne Mère, comment il avait été guéri radicalement à Lorette, lors de son voyage en Italie. »

Cette guérison contribua puissamment à augmenter la reconnaissance et la dévotion du jeune prêtre envers Marie ; elle fut, sans aucun doute, une de ces grâces auxquelles il faisait allusion, lorsqu'il répétait si souvent : « Marie a été si bonne pourmoi ! »

Sa reconnaissance envers la Très Sainte Vierge se traduisit par un plus grand zèle à propager son culte et par une confiance sans bornes envers Elle. Dès lors, il célébra fréquemment la messe aux intentions de Marie, souhaitant ardemment de l'aimer et de la faire aimer chaque jour davantage.

Dans son registre de messes, on peut lire à la date du 19 mars 1878 :

« *Saint-Joseph.* Messe 1° en actions de grâces des faveurs reçues, il y a deux ans, dans la sainte maison de Lorette, et surtout de ma guérison miraculeuse ; 2° pour obtenir une augmentation de dévotion envers Marie et Joseph. »

On s'étonne de ce que l'abbé Outrequin n'ait pas fait connaître tout de suite, du moins à ses plus proches parents, la faveur signalée dont il avait été l'objet de la part de la Très Sainte Vierge. Cette discrétion excessive ne peut s'expliquer que par le sentiment profond de son indignité, auquel il paraissait sacrifier même la gloire de Marie. Ce fut, en effet, trois mois seulement après son voyage d'Italie que, dans une visite à Villers, son frère aîné, qui avait pu quelque peu soupçonner le secret, l'obligea à s'en ouvrir à sa famille : l'humble prêtre avoua, en souriant, « qu'il avait été radicalement guéri à Lorette, que depuis son pèlerinage il ne ressentait plus aucune douleur. Il reconnaissait avoir négligé impunément, à partir de cette époque, toutes les précautions qu'il avait dû prendre autrefois ; et il entendait bien ne plus s'y astreindre désormais. »

Sa confiance et sa piété étaient de celles qui méritent et qui obtiennent des faveurs extraordinaires ; et il paraît très probable que Marie, en lui accordant celle dont nous venons de parler, bien qu'il ne l'eût point sollicitée spécialement, avait pour but de récompenser sa ferveur et son zèle. Un témoignage aussi incontestable de la protection de la Très Sainte Vierge devait aussi accroître et affermir la dévotion filiale qu'il professait pour Elle.

CHAPITRE IV.

VICARIAT A SAINT-MAURICE.

Dans les premiers jours d'Avril, l'abbé Outrequin rentrait à Villers, et, presqu'aussitôt après son retour, était nommé au vicariat de Saint-Maurice-lès-Amiens, vacant depuis quelques mois.

Le curé de cette paroisse, M. l'abbé Plisson, faiblissant de plus en plus sous le poids de l'âge, épuisé même par les fatigues d'un laborieux ministère de quarante années au milieu d'une population en grande partie ouvrière, attendait impatiemment son nouvel auxiliaire, souhaitant d'avoir près de lui un jeune prêtre pieux et zélé, qui comprît le bien qui était à faire dans sa chère paroisse et qui voulût s'y dévouer. Nul ne pouvait mieux répondre à ce désir du vénérable M. Plisson que l'abbé Outrequin, et le choix de Mgr Bataille avait été manifestement dirigé par la Providence.

Le nouveau vicaire ne tarda point à être justement apprécié par la paroisse où il venait commencer l'exercice du saint ministère. On comprit, on vit bientôt qu'il était un saint prêtre, et beaucoup de ceux que souvent la sainteté ne frappe guère n'hésitaient point à le dire.

Les personnes les plus capables de le juger avaient de ses vertus une très haute idée. « Nous sommes restées trois ans et demi à Saint-Maurice, pendant que M. Outrequin y était vicaire, écrivait une sœur de la Sainte-Famille, il ne nous aurait point fallu tout ce temps pour connaître l'esprit intérieur, la vie mortifiée, le zèle de ce saint prêtre et sa tendre dévotion envers la Sainte Vierge. »

On ne put découvrir en lui d'autre défaut qu'une excessive timidité et une trop grande défiance de lui-même. Ses mérites aux yeux de Dieu n'en furent nullement diminués, nous pouvons dire même qu'ils ont dû s'accroître à cause des efforts qu'il fit pour se vaincre sur ce point. Quoi qu'il en soit, cette timidité excessive et cette défiance de ses propres forces lui rendirent difficile le ministère de la prédication.

Il composait de pieuses et solides instructions : les plans en étaient très nets, les idées très justes et exprimées en très bons termes ; mais, lorsqu'il s'agissait de paraître et de parler en public, la crainte semblait le paralyser et l'empêchait de mettre à profit des talents qui n'étaient pas ordinaires.

Cette épreuve lui fut très pénible, il la supporta avec une grande humilité ; mais tous les efforts qu'il fit pour surmonter sa timidité restèrent infructueux. Ne pouvons-nous pas penser que Dieu prit soinde le mettre ainsi entièrement à l'abri des atteintes de l'amour-propre,qui rend trop souvent stériles les discours les plus admirés ? Ce digne prêtre avait mieux à faire que de s'entourer d'un renom d'éloquence ; il avait à opérer un bien solide et aussi réel que caché ; c'est au confessionnal, auprès des malades, dans la direction des âmes et dans les œuvres modestes et nombreuses d'un zèle ardent et industrieux qu'il devait obtenir des résultats féconds et de consolants succès. Que de paroles il a prononcées dans les moindres circonstances, que de lettres il a écrites, que de démarches il a faites qui ont encouragé, fortifié et sauvé des âmes qui sans lui peut-être se seraient perdues !

C'est aux enfants qu'il consacra surtout les prémices de son zèle. Voici comment il rend compte de ses efforts, dans une lettre adressée à ses confrères de Saint-Sulpice :

« Il ne faut pas songer à établir ici un patronage spécial pour les jeunes gens ; plusieurs d'entre eux fréquentent les patronages de la ville. Je tâche du moins de favoriser par tous les moyens possibles la persévérance de mes enfants de chœur, que j'ai pris en assez grand nombre. Grâces à Dieu, je suis arrivé maintenant à un bon résultat ; je leur ai fait prendre goût aux offices de l'Église, et un des moyens qui m'ont paru les plus propres à y réussir, c'est le chant ; lorsqu'il s'agit du bien des âmes il n'est rien de petit, si Dieu y attache sa grâce. J'ai donc réussi à gagner ces enfants, en sorte qu'ils ne voudraient pas se démettre de leurs fonctions, si ce n'est à un âge avancé ; j'ai la consolation de voir que les quelques jeunes gens qui persévèrent sont d'anciens enfants de chœur. Dans cette œuvre, comme dans toutes les autres, le résultat dépend en grande partie de la peine que l'on se donne. Il y a tout d'abord une surveillance très active à exercer ; puis il faut se mettre en rapport avec les parents et faire en sorte de trouver un appui auprès d'eux, afin qu'eux-mêmes encouragent et facilitent la persévérance de leurs enfants. »

Pour réussir dans cette œuvre, il ne reculait devant aucun sacrifice. Après leur première communion, il traitait ces enfants en amis, leur ménageait des promenades en chemin de fer, en bateau, les conduisait à quelques belles solennités religieuses. Il aimait surtout à leur faciliter le pèlerinage de Notre-Dame de Brebières, à l'époque de la neuvaine du mois de septembre. Il écoutait volontiers leurs réflexions parfois si naïves et s'ingéniait à leur inspirer une véritable piété ; il leur suggérait de faire à Dieu quelques petits sacrifices : « Levez-vous promptement le matin sans caresser l'oreiller, leur disait-il, s'il vous en coûte quelque peine, vous l'offrirez à Dieu et vous gagnerez ainsi beaucoup de mérites. » L'un d'eux lui répondit un jour : « J'ai essayé, M. le Vicaire, mais maintenant cela ne me coûte plus du tout, est-ce que je gagnerai encore des mérites ? » Un autre voulait, après sa première communion, se confesser chaque semaine ; les bonnes paroles et les pieux entretiens du saint prêtre lui avaient sans aucun doute inspiré ce désir. Un jour, à l'heure fixée pour le catéchisme, ayant vu un pauvre aveugle arrêté à la porte de l'église, il suggère aux enfants qui se trouvent près de lui la pensée de faire à ce malheureux une petite aumône, afin d'attirer sur eux mêmes les bénédictions de Dieu, et tous s'empressent de donner le petit sou auquel ils tiennent tant. Un d'entr'eux n'en avait pas à donner, il emmena le pauvre chez lui et pria sa mère de l'assister, parce que M. l'abbé l'avait bien recommandé (1).

Combien il avait à cœur de gagner et d'atta-

(1) Plusieurs de ces traits se rattachent au vicariat de Saint-Roch, nous avons cru préférable de les citer dans ce chapitre afin d'éviter les redites.

cher à Dieu toutes ces jeunes âmes, et combien il souffrait de les voir exposées à tant de scandales et d'occasions de péché ! Les fêtes publiques que, depuis un certain nombre d'années, on multiplie surtout le dimanche, les efforts que l'on fait pour entraîner la jeunesse et même l'enfance dans des divertissements souvent dangereux, lui causaient les appréhensions les plus vives et une peine profonde. « On ne comprendra jamais, disait-il, ce que je souffre en voyant tout ce que l'on tente pour perdre et pour arracher à Dieu ces pauvres enfants, que nous préparons avec tant de soins à la première communion. Ils sont si beaux lorsqu'ils restent innocents ! »

Une autre œuvre que son vénérable curé avait établie et encouragée depuis de longues années devait profiter de son zèle : c'était une œuvre de persévérance pour les jeunes filles.

Les Sœurs de la Sainte-Famille s'y employaient avec un admirable dévouement ; elles réunissaient chaque dimanche une cinquantaine de jeunes filles de différents âges, dont la plupart étaient ouvrières de fabrique. Sous leur direction, toutes ces jeunes filles assistaient régulièrement aux offices paroissiaux, à la Grand'Messe, aux Vêpres, au Salut ; elles suivaient de plus un catéchisme de persévérance et s'approchaient des sacrements chaque mois. Cette œuvre a été pendant longtemps l'édification de la paroisse Saint-Maurice et la consolation de son pasteur ; l'abbé Outrequin seconda de son mieux M. Plisson et son successeur M. Boury dans les soins qu'ils lui consacraient ; de concert avec eux, il fit tous ses efforts pour mettre à profit et le dévouement des Sœurs et la bonne volonté des enfants. Aussi les unes et les autres avaient en lui la plus complète confiance, et dans leur simplicité les enfants disaient quelquefois : « Que M. le Vicaire est saint ! n'est-ce pas, ma sœur ? »

L'abbé Outrequin eut la douleur de voir tomber cette excellente œuvre. Le 13 avril 1879, sous l'administration de M. René Goblet, arrivait un ordre de la Mairie d'Amiens, enjoignant aux Sœurs de l'école Saint-Maurice de quitter leur habitation et leurs classes dans les quarante-huit heures et de céder la place à des institutrices laïques. M. l'abbé Boury, curé de

Saint-Maurice, eût désiré fonder une école libre afin de conserver aux enfants de sa paroisse les bienfaits d'une éducation chrétienne et les moyens de préservation et de persévérance que leur offrait la direction des Sœurs. Mais ce désir ne put se réaliser ; le 15 avril les institutrices congréganistes quittaient Saint-Maurice après vingt années de pénibles labeurs et d'infatigable dévouement.

On ne pouvait s'attendre à ce que leurs remplaçantes voulussent continuer leur œuvre, et l'on vit très rapidement décroître et disparaître la piété et les bonnes dispositions que les anciennes élèves des Sœurs avaient montrées. Aussi l'abbé Outrequin écrivait-il peu de temps après : « Je le dis avec la plus profonde douleur, en enlevant ces bonnes religieuses, nos ennemis ne pouvaient pas nous nuire davantage. Le cœur du prêtre est bien vivement affligé lorsqu'il voit la décadence de la piété dans des âmes jusque là bien disposées. »

Vers la même époque, sur la proposition de M. le Maire d'Amiens, le Conseil municipal vota la suppression des traitements attribués aux vicariats de plusieurs paroisses de la ville. Il était hors de doute que la fabrique de l'église Saint-Maurice était dans l'impossibilité absolue de fournir le traitement de son vicaire ; la suppression eut lieu quand même.

Dans une des lettres qu'il adressa alors à ses anciens condisciples de Saint-Sulpice, M. Outrequin, pour toute plainte, se contente de dire : « Pour moi, je suis obligé d'envisager souvent au point de vue surnaturel ma position actuelle. Par suite du mauvais vouloir de l'administration municipale de la ville d'Amiens, les ressources qui me reviennent de mon vicariat sont si minimes qu'elles peuvent à peine compter pour quelque chose. Je ne parle de cette position précaire qu'en passant ; car, grâces à Dieu, nous travaillons par dévouement pour les âmes et non pour gagner de l'argent. Si je pouvais du moins à ce prix mériter l'application des paroles suivantes : « *Beatus vir... qui post aurum non abiit nec speravit in pecunia et thesauris* (1). »

(1) Bienheureux l'homme qui ne court point après l'or et qui ne met point sa confiance dans l'argent, ni dans les trésors (Ecclés. XXXI).

Et vers la même époque, il écrivait à son ancien directeur « qu'il trouvait un très grand contentement à exercer le saint ministère dans une paroisse pauvre, où il y avait plus à donner qu'à recevoir. »

Donner était en effet à ses yeux comme une fonction de son ministère. Son grand esprit de charité se trouve si admirablement dépeint dans les lignes suivantes que nous sommes heureux de les emprunter à M. l'abbé Postel :

« M. Outrequin avait au degré le plus élevé l'amour du pauvre, et sa forture personnelle lui permettait jusqu'à un certain point de suivre les élans de son cœur. Combien il se cachait pour faire le bien, Dieu seul le sait ! Qui était le plus embarrassé de l'indigent qui recevait l'aumône ou du prêtre charitable qui la faisait ? Il ne serait pas difficile de le dire. Que de fois ne l'a-t-on pas vu, après d'assez longues phrases embrouillées, déposer furtivement sur le coin d'une table sa généreuse offrande, et s'enfuir ensuite comme un voleur (1). »

(1) Le Dimanche. — Semaine religieuse du diocèse d'Amiens, N° du 31 Mai 1885.

L'abbé Outrequin avait au même degré le zèle de la maison de Dieu, et il payait de sa personne avec un grand dévouement pour suppléer à la négligence ou à l'impéritie de certains employés de l'église. Ainsi il lui arriva souvent, de remplir à peu près complètement les fonctions de bedeau. Il passait à certains jours un temps considérable à l'église et à la sacristie, regrettant sans doute de ne pouvoir consacrer ce temps à l'étude, au lieu de l'employer à des soins tout matériels ; mais il faisait volontiers ce sacrifice pour le service de Dieu et pour l'édification des fidèles ; il préparait lui-même et rangeait les ornements, s'occupait des cierges et veillait à faire régner partout l'ordre et la propreté. Il s'employait aussi très activement à faire restaurer les ornements et à diriger certains aménagements nécessaires au bon ordre de la sacristie. « Ces quelques travaux, écrivait-il, exigent beaucoup de temps et sont peu remarqués de ceux qui n'ont pas l'esprit de détail ; mais pourvu que Dieu n'ignore pas nos efforts et qu'il nous tienne compte de notre bonne volonté, notre récompense est plus assurée de sa part que de la part des hommes. »

Ce fut pendant son vicariat à Saint-Maurice que l'abbé Outrequin fit le voyage de Belgique et qu'il fut témoin des faits réputés surnaturels qui se produisirent pendant plus de dix années en la personne de Louise Lateau, la stigmatisée de Bois d'Haine.

Les faits de ce genre ne sont pas nouveaux assurément : la théologie mystique les affirme ; elle en étudie les causes et les divers phénomènes ; la vie des Saints en offre des exemples merveilleux, qu'on ne pourrait révoquer en doute sans porter atteinte au respect qui est dû à l'infaillible autorité de l'Église ; car plusieurs de ces faits sont attestés par le Bréviaire Romain et par divers décrets de canonisation.

Que faut-il penser de la stigmatisée de Bois d'Haine, de ses extases et des faits extraordinaires qui les ont accompagnés ?

Nous n'avons pas à tenir compte de la réponse que font à cette question les incrédules et les rationalistes de parti pris ; ils nient la possibilité du miracle et de tout fait surnaturel : leur avis ne peut être d'aucune valeur aux yeux des chrétiens et des catholiques ; mais parmi ceux dont la foi n'est point suspecte, les avis ont été, croyons-nous, et demeurent très partagés.

Le plus grand nombre des visiteurs de Louise Lateau ont cru que les faits qui se produisaient en sa personne étaient de l'ordre surnaturel divin ; d'autres, en moins grand nombre, tout en reconnaissant le caractère surnaturel de ces faits, les ont attribués au démon. Quant au soupçon de fraude et de supercherie, il n'a été formulé que timidement et sans preuves, le plus souvent par ceux qui ne pouvaient se donner comme témoins oculaires. Se trouve-t-il des catholiques qui ne veulent voir dans ces faits que des phénomènes purement naturels, dont les causes restent inexpliquées ? Peut-être ; mais leur sentiment paraît de beaucoup le moins probable, et on serait presque en droit d'accuser ces catholiques de trop de complaisance pour le Naturalisme contemporain et de donner trop facilement la main aux détracteurs du miracle et du surnaturel.

L'abbé Outrequin croyait très fermement à

l'action surnaturelle de Dieu dans les faits merveilleux de Bois d'Haine. Sa foi fut encore plus entière après qu'il en eut été témoin ; le récit détaillé qu'il en a laissé intéresserait certainement le lecteur et l'aiderait peut-être à se former une opinion ; mais ce récit est bien long et il vaudra mieux n'en donner ici qu'un résumé ; ce résumé sera fait du reste par M. Outrequin lui-même : nous le prenons dans une de ses lettres circulaires à ses anciens condisciples de Saint-Sulpice.

« Saint-Maurice-lez-Amiens le 19 Décembre 1876,
Jour anniversaire de notre première messe.

« Chers Confrères,

« Qu'il me soit permis de vous parler d'un pieux pèlerinage que j'ai fait ces jours derniers en Belgique, auprès de la stigmatisée de Bois d'Haine. Je n'oublierai jamais l'impression que produisit sur moi la vue de Louise Lateau, lorsque, le matin du 8 décembre, je la vis communier, et l'après midi quand je fus témoin de son extase. Toutes les narrations et descriptions que l'on a pu faire de ce dernier phénomène ne sont rien auprès de la réalité.

« Le vendredi 8 décembre, jour où je me trouvais à Bois d'Haine, était le 451e vendredi depuis la première apparition des stigmates ; voici donc huit ans que, chaque vendredi, le sang coule de ces stigmates en grande abondance.

« Le matin à six heures et demie, un prêtre porte à Louise la Communion. Mes compagnons et moi nous accompagnons le Saint-Sacrement. Après dix minutes nous pénétrons dans la chambre de la stigmatisée, qui déjà depuis un certain temps est dans un état particulier d'attente. Elle a les yeux fermés et ne parait rien entendre ; aussi se demande-t-on comment elle pourra recevoir la sainte Communion. Bientôt la respiration devient difficile et entrecoupée comme celle d'un mourant. Dès que le prêtre a déposé sur ses lèvres la sainte Hostie, tout mouvement cesse en elle : il y a immobilité complète des mains, de la poitrine ; elle n'a plus de respiration, ni de souffle. Cet état, qui dure environ une demi-heure, s'appelle *subordination* ou *absorption* des sens ; les sens sont alors chez elle complètement abolis. Il est parfaitement avéré que Louise depuis le 30 Mars 1871, vit sans prendre aucune nourriture, ni aucune boisson ; la sainte Communion seule entretient en elle la vie corporelle.

« Vers deux heures de l'après midi, nous entrons de nouveau dans la chambre de Louise. Elle est en extase, couchée sur le dos, la tête inclinée sur l'épaule gauche ; les yeux sont ouverts et fixés sur un spectacle invisible pour tout autre qu'elle ; le sang ruisselle de ses mains et coule le long des bras ; car les mains ramenées sur la poitrine se tiennent à demi soulevées sur les couvertures et sur des linges tout ensanglantés. Les ecclésiastiques présentent la main devant le visage de l'extatique qui semble reconnaître la main d'un prêtre par un sourire céleste. Lorsqu'on approche d'elle des reliques, elle donne toujours un signe de respect et de vénération ; mais s'agit-il d'une relique de la vraie Croix ou de quelqu'instrument de la Passion, elle se soulève sur sa couche et saisit ces objets avec un empressement extraordinaire.

Pendant les extases, lorsqu'elle n'est point détournée de la contemplation par les objets saints ou bénits qui ont seuls le privilège d'attirer son attention, Louise est tout entière à la vision des tableaux et des spectacles que Dieu lui fait voir des yeux de l'âme.

« Quelques minutes avant trois heures, la stigmatisée se soulève lentement, s'assied les mains tendues en avant, les yeux fixés, avec un redoublement d'attention et de douleur sur sa vision mystérieuse, et reste quelques instants dans cette attitude qui communique à toutes les personnes présentes une indicible émotion ; après avoir vu se dérouler devant elle toutes les scènes de la Passion, elle est maintenant devant le Sauveur expirant.

« Tout à coup elle retombe en poussant un soupir, les bras étendus en croix, la tête inclinée sur l'épaule gauche ; on pourrait la croire morte. Il est alors trois heures précises, c'est toujours à cette heure et par cette scène attendrissante que l'extase prend fin. »

M. Outrequin remporta de sa visite à la stigmatisée de Bois d'Haine une très grande édification. « Les faits dont il avait été témoin, dit-il lui-même dans le récit qu'il en a laissé, excitèrent en lui une foi plus vive en la présence réelle de Notre Seigneur au Très Saint Sacrement, en même temps qu'un désir plus ardent de la Communion. Il sentit aussi, après cette visite, un plus grand attrait pour la Passion du Sauveur. »

Notre jeune prêtre était depuis trois ans vicaire de Saint-Maurice, lorsque M. l'abbé Plisson sollicita de l'Évêché d'être déchargé de l'administration de sa paroisse, en raison de son grand âge et de ses infirmités. Un des vicaires généraux de Mgr Bataille, M. l'abbé Fallières, écrivit à ce vénérable vieillard, le 24 Mai 1878 :

« J'ai donné connaissance à Monseigneur de la demande que vous lui avez faite de prendre un repos nécessaire à votre santé, pendant quelques mois du moins.

« Aujourd'hui M. le Vicaire de Saint-Maurice est formé à la paroisse ; on est formé à son genre, il a vaincu la timidité trop grande de son caractère ; il est d'ailleurs bien pieux et trop délicat pour ne pas s'attacher à la besogne. Je crois qu'avec le secours qu'il vous apporte dans le ministère, vous pouvez conserver la direction et lui donner le travail. »

La tâche de l'abbé Outrequin devint en effet plus lourde et plus difficile ; par son zèle, sa piété, son dévouement et son abnégation, il sut répondre à l'attente de ses supérieurs. Il assista son vénérable curé dans sa dernière maladie et pendant plusieurs mois il pourvut seul à l'administration de la paroisse.

Le 2 Février 1879, M. l'abbé Boury était installé curé de Saint-Maurice. L'abbé Outrequin reprit son rang de simple vicaire avec une humilité et une joie sincères ; il eut envers son nouveau curé non seulement le respect, la déférence et la soumission qu'il lui devait, mais il conçut pour lui une très vive affection et un profond attachement, et pendant trois années, il continua, sous cette direction nouvelle, le bien qu'il avait commencé.

Sa piété et surtout sa dévotion envers la Très Sainte Vierge étaient pour la paroisse le sujet d'une grande édification. Il n'avait pu cacher à tout le monde qu'il lui arrivait de passer dans l'église, près de l'autel de Marie, de longues heures et quelquefois des nuits entières. C'était sa manière à lui de secourir les âmes qu'il savait en danger, et d'expier les scandales et les outrages faits à Dieu par les pécheurs et les impies. Il s'efforçait aussi de propager la pieuse coutume de présenter les enfants à l'autel de la Sainte Vierge après leur baptême. Il ne faisait point une seule instruction, il n'y avait guère de conversation dans lesquelles il ne trouvât le moyen de dire quelques mots capables de porter à la confiance et à la piété envers Marie.

Pendant les six années de son vicariat à Saint-Maurice, son zèle et sa ferveur ne subirent jamais la moindre diminution ; on les voyait plutôt s'accroître au fur et à mesure qu'il se façonnait davantage à ses fonctions, et que Dieu lui faisait mieux comprendre les besoins des âmes et les moyens de les diriger et de les sauver. Années heureuses, pleines et fécondes ! mêlées seulement de ces épreuves et de ces tristesses, dont Dieu ne veut jamais laisser tout à fait exempts ceux dont il attend les fruits les meilleurs, les plus abondants et les plus durables.

CHAPITRE V.

VICARIAT AU PETIT SAINT-JEAN ET A SAINT-ROCH.

L'abbé Outrequin s'attachait de plus en plus à son humble et modeste ministère de Saint-Maurice, lorsque vint le surprendre sa nomination de vicaire à Saint-Roch.

La nouvelle église Saint-Roch, construite aux portes d'Amiens, n'est qu'une simple annexe d'une paroisse de la banlieue, le Petit Saint-Jean; mais le quartier où s'élève cette église comprend la partie la plus considérable de la paroisse, 2200 âmes environ ; tandis que l'église à laquelle est attaché le titre de succursale n'a autour d'elle qu'une population de 600 habitants. Le curé du Petit Saint-Jean réside près de l'église qui a le titre principal ; l'annexe, la nouvelle église Saint-Roch, destinée à subvenir aux besoins religieux d'une importante population, réclamait la présence d'un prêtre.

Pour remplir ce poste difficile, l'administration diocésaine crut avec raison pouvoir compter sur le tact, sur la modestie et sur le zèle désintéressé de l'abbé Outrequin. Dès qu'il fut averti des intentions de Monseigneur, il en fit part à sa famille, non pour prendre conseil, car il ne voulait qu'obéir; mais afin d'écarter toute observation sur les conditions qui lui étaient faites, quant au temporel.

Cette nomination, à ne la considérer qu'au point de vue humain, n'était point un avantage, ni un avancement; elle devait même imposer un sacrifice très pénible à M. Outrequin en l'obligeant à quitter la paroisse Saint-Maurice à laquelle il s'était profondément attaché. Il en fut si attristé qu'il ne put retenir ses larmes lorsqu'il reçut la nouvelle de son changement. En le voyant dans une si grande désolation, M. l'abbé Boury, son curé, voulait se rendre à l'Évêché pour demander qu'il fût maintenu à Saint-Maurice : « Non, Monsieur le curé, lui répondit l'abbé Outrequin, le bon Dieu a parlé par la bouche de mon évêque : et j'obéirai quoiqu'il m'en coûte. »

Malgré ses amers regrets, après avoir passé la nuit au pied de l'autel de la Très Sainte-Vierge, il inaugura son ministère à Saint-Roch le 2 Février 1882, fête de la Purification. Huit jours avant d'entrer dans sa nouvelle maison, il y avait fait placer sa belle statue de Notre-Dame des Victoires « afin, disait-il, que Marie fût la première à en prendre possession. »

Monsieur le curé de Saint-Roch reçut à bras ouverts son nouveau vicaire, et quelques lignes que nous allons citer, montrent quel prix il attachait à sa nomination :

« Il m'apportait, écrit M. l'abbé Merchiez, l'appoint d'une expérience acquise en plusieurs années de vicariat et l'énergique obéissance d'une volonté de Saint. Il fut convenu que nous ferions le service religieux alternativement à Saint-Roch et au Petit Saint-Jean. C'était un point bien délicat ; M. le Vicaire irait-il volontiers chanter la messe au Petit Saint-Jean, de quinze jours en quinze jours ? Faire deux kilomètres à jeun, en toute saison, pour aller célébrer dans une pauvre et triste église, c'était assumer une tâche bien pénible, alors qu'il eût été si facile de rester chacun chez soi. M. Outrequin eut bientôt tranché cette difficulté ; il prit de lui-même le titre de vicaire du Petit Saint-Jean et ne fit jamais de distinction entre l'une ou l'autre section de la paroisse ; il aimait le Petit Saint-Jean aussi bien que Saint-Roch ; il officiait, parlait, catéchisait, confessait dans l'une ou l'autre église, sans aucune acception de personnes. »

M. Outrequin fut à Saint-Roch comme il avait été à Saint-Maurice un très bon catéchiste.

Sa démarche, son maintien, sa conversation et jusqu'à ses timidités, tout respirait en lui la piété; et cette piété exerçait sur les enfants une influence qui tardera peut-être un peu à porter ses fruits, mais qui n'en sera pas moins très réelle et très profonde ; il leur parlait du bon Dieu, de la Sainte Vierge, des Saints et des mystères de la religion en termes bien appropriés à leur âge. Tous les jours, après sa messe, le lundi et le samedi exceptés, il faisait une demi-heure de catéchisme, de 8 heures à 8 heures 1/2. Le succès ne semblait pas toujours répondre à ses efforts ; des enfants turbulents, indisciplinés, ignorant même leurs prières ; sont un terrain bien mal préparé pour la parole de Dieu ; il savait pourtant s'en faire écouter, s'en faire aimer, et, une fois maître de leur confiance, il obtenait d'eux beaucoup plus qu'il n'eût été possible d'espérer.

Son dévouement dans la visite des malades ne pouvait être surpassé ; aussi réussissait-il admirablement dans ce ministère si difficile. Il savait prolonger ses visites d'une manière utile, entretenant sans efforts et sans contrainte, de pensées salutaires et de sentiments de piété ceux auxquels il prodiguait et ses consolations et les preuves de sa sollicitude.

Les plus pauvres surtout étaient gagnés par sa simplicité : la bonté avec laquelle il venait comme un ami s'asseoir au milieu d'eux les charmait : « Il semblait, disent-ils encore, qu'il eût été de la famille tant il paraissait s'intéresser à chacun de nous. »

Il n'oubliait jamais de recommander à la Sainte Vierge les visites qu'il faisait à ses malades et les efforts qu'il tentait auprès d'eux pour mettre en sûreté le salut de leur âme. Il portait toujours sur lui des médailles dont il avait eu soin de faire souder les anneaux ; il les leur donnait, ou recommandait aux personnes qui les soignaient de les leur faire porter, et souvent il triompha, grâce à ce moyen, des résistances et des refus les plus obstinés.

Plus il avançait dans le saint ministère, plus l'abbé Outrequin ressentait pour les pauvres une grande compassion. Il accueillait avec charité tous ceux qui recouraient à lui, et il savait donner avec une délicatesse qui augmentait le prix de l'aumône. Lorsqu'il était obligé de refuser un secours, il ne le faisait pas sans prendre toutes les précautions nécessaires pour ménager la susceptibilité de ceux qui n'étaient pas dignes de pitié.

L'argent n'avait de prix à ses yeux que s'il se changeait en aumônes ou en bonnes œuvres ; à tout autre point de vue, il en avait le plus grand mépris. Toutefois, quand son devoir ou le bon ordre de sa maison l'exigeait, il savait s'astreindre à une comptabilité sérieuse ; obligé de fournir l'état des recettes provenant des quêtes faites à l'église Saint-Roch, il eut toujours son registre tenu à jour avec la plus scrupuleuse exactitude ; ses comptes personnels furent aussi trouvés dans l'ordre le plus parfait lorsqu'une mort foudroyante vint le surprendre.

Il ressentait vivement l'injure faite à Dieu par la pompe bruyante dont on entoure certains enterrements civils. Un enterrement de ce genre eut lieu à Saint-Roch, un jour de la Pentecôte ; à l'heure de la Grand'Messe, un groupe de musiciens et quelqu'une de ces sociétés que la franc-maçonnerie a sous la main pour ses scandaleuses manifestations, étaient réunis sur la place de l'église ; l'intention de jeter le défi à Dieu et à notre sainte religion était évidente : l'abbé Outrequin demeura ce jour-là prosterné devant le Saint Sacrement depuis six heures du matin jusqu'à midi, et le lendemain il célébra la Sainte Messe en expiation de ce triste et honteux scandale.

Le scandale fut du reste pour lui une véritable torture pendant toute sa vie sacerdotale, et on peut dire qu'il le combattit par des actes vraiment héroïques. Avait-il vu en traversant la ville quelqu'une de ces inscriptions ou de ces images malsaines que l'on est trop souvent exposé à rencontrer sur les murs de nos grandes cités, il se promettait de les faire disparaître. En effet, pendant la nuit suivante il se levait, et en toute saison, même par les plus rudes temps d'hiver il sortait, se rendait seul jusqu'aux endroits parfois très éloignés où il avait remarqué ces inscriptions et ces images, et il se mettait en devoir de les enlever.

Ne s'exposait-il pas en agissant ainsi à être remarqué par des personnes malveillantes, à s'attirer des désagréments et des avanies ? Était-il prudent, était-il nécessaire ou même utile de se charger de pareille besogne ? Puis, dira-t-on encore, c'est un travail toujours à recommencer : ne vaut il pas mieux mépriser ces manifestations impudentes de l'immoralité publique et passer outre ? L'abbé Outrequin n'acceptait pas ces prétextes et ces raisonnements de l'indifférence et du laisser-faire ; il voyait s'arrêter devant ces inscriptions des jeunes gens et peut-être des jeunes filles ; il entendait ces tristes rires qui éclatent au milieu d'une jeunesse dont l'innocence est flétrie ; puis il pensait que de petits enfants passant là, le lendemain, y trouveraient peut-être une pierre d'achoppement et de scandale ; et son zèle et sa foi l'empêchaient de compter avec l'interruption de son sommeil et de calculer les inconvénients auxquels il s'exposait.

Il regrettait amèrement que les feuilles publiques, même celles qui sont réputées bonnes et religieuses prissent tant de soin de divulguer les histoires scandaleuses et de mettre leurs lecteurs au courant de tous les crimes qui se commettent : « Pourquoi, disait-il, ne pas s'appliquer à ne citer que les bons exemples et les actes de vertu ? » Il se rendait malheureux de tout le mal qu'il voyait et de celui qu'il devinait ou qu'il soupçonnait : « Vous vous cacherez dans un cloître », lui dit un jour un prêtre témoin de ce qu'il souffrait en de semblables occasions : « Jamais, reprit-il ; je veux vivre dans le ministère paroissial, en vicaire, et je me plais si bien à Saint-Roch que si cela pouvait se faire, je serais prêt à y acheter ma place à vie. »

Ce que nous venons de dire montre assez

combien M. l'abbé Outrequin était exact et dévoué pour remplir tous les devoirs et toutes les obligations du ministère paroissial. Mais ces devoirs et ces obligations ne suffisaient point à son zèle ; les occasions de faire le bien se présentaient à lui nombreuses, pressantes, parce qu'il les cherchait avec un cœur humble et droit, n'ayant pas d'autre pensée, ni d'autre ambition que celle de glorifier Dieu, surtout en faisant connaitre et aimer la Très Sainte Vierge.

Une des œuvres de zèle qui l'occupèrent le plus dans ses dernières années, ce fut de propager un très grand nombre de brochures, de pieux écrits capables d'encourager les dévots serviteurs de Marie. De 1879 à 1882, plus de dix huit-cents notices racontant les apparitions de la Sainte Vierge à Pellevoisin furent envoyées par ses soins et à ses frais dans toutes les directions ; il en expédia même un assez grand nombre, traduites en anglais et en allemand, dans les pays étrangers. Le scapulaire du Sacré-Cœur, donné à Estelle Faguette par Notre-Dame de Pellevoisin comme un moyen de détourner la colère de Dieu, avait aussi toute sa confiance, et il contribua de son mieux à le faire connaître et à en répandre l'usage. Mais avant de consacrer son temps et des sommes assez importantes à toute cette propagande, il avait eu soin de se bien renseigner sur la vérité et sur la nature des apparitions. Il avait écrit à Monsieur le curé doyen d'Ecueillé, dans la juridiction duquel se trouve Pellevoisin, puis il s'était adressé à l'Archevêché de Bourges ; les réponses favorables et encourageantes qu'il avait reçues avaient enflammé son zèle pour faire connaître partout les miséricordes et la puissance de Notre-Dame et il s'était donné à cette œuvre avec toute l'ardeur dont il était capable (1).

Un livre entre tous était de sa part l'objet d'une prédilection marquée : « *Le pouvoir de Marie, ou paraphrase du Salve Regina* » par Saint Alphonse de Liguori ; du mois d'Avril 1881 au mois de Mars 1885 il en donna trente-cinq exemplaires. Le nombre des médailles de la

(1) Voir à la fin du volume quelques détails sur la guérison miraculeuse d'Estelle Faguette et sur les apparitions dont la Sainte Vierge l'a favorisée.

Sainte Vierge qu'il distribua pendant cette période de quatre années s'élève à plus de douze cents.

Il donnait sans compter les opuscules de Mgr de Ségur aux enfants des catéchismes et saisissait toutes les occasions de les faire pénétrer dans les familles. Dans ses courses et dans ses voyages, on le voyait toujours chargé de brochures à donner ou de livres qu'il se proposait de prêter. Disait-il la messe dans une église étrangère, à l'enfant de chœur qui la lui avait servie, il remettait avec une pièce de monnaie, quelqu'un de ses petits livres. Dans ses visites, s'il entendait une objection contre la foi, une attaque contre l'Église ou la Religion, il ne discutait pas, mais il savait choisir l'opuscule ou le livre capable de réfuter l'objection et de venger la vérité, et plusieurs ont trouvé de véritables traits de lumière dans les lectures qu'il leur proposa.

L'intérêt qu'il portait aux œuvres de propagande religieuse l'engagea à composer quelques articles qu'il fit adresser par un tiers au rédacteur du « *Bon Grain.* » Cette petite feuille fit un accueil empressé aux écrits de son correspondant anonyme, et ses lecteurs ont pu tirer un véritable profit des pieuses et modestes compositions, dans lesquelles l'abbé Outrequin s'appliquait surtout à exciter la dévotion envers la Très Sainte Vierge, et le zèle pour le soulagement et la délivrance des âmes les plus délaissées du Purgatoire.

Telles furent les œuvres extérieures de l'humble prêtre dont nous avons entrepris de retracer la vie. Nons devons maintenant nous efforcer de faire connaître sa vie intérieure : par là plus encore que par tout le reste, M. Outrequin mérite d'être présenté comme un véritable modèle.

CHAPITRE VI.

DÉVOTION ENVERS LA TRÈS SAINTE VIERGE.

Est-il besoin de le dire ? Le lecteur déjà l'a compris : tout le secret de la vie intérieure de M. Outrequin fut dans sa dévotion envers la Très Sainte Vierge. Elle est le trait saillant de sa physionomie ; déjà grande pendant les années de sa jeunesse, elle s'accrut encore et porta des fruits merveilleux pendant sa vie sacerdotale.

Ce n'est point seulement d'une manière intermittente qu'il fut fidèle à sa devise : « *Tout pour l'amour de Marie !* » Sa fidélité ne connut jamais la moindre défaillance, et cette devise il la prit au pied de la lettre plus que personne.

Pour connaître tout ce que cette dévotion avait

en lui de solide, d'entraînant et de fort, il faut l'entendre en parler lui-même. Aussi croyons-nous ne pouvoir mieux faire que de reproduire intégralement le pieux écrit dont nous avons déjà cité quelques fragments, et dans lequel il a eu la touchante inspiration de consigner l'origine, le développement, les motifs et plusieurs des heureux fruits de son amour envers Marie.

Dans ces pages, il n'y a rien qui sente la recherche ; le style en est simple et nullement étudié ; on voit que l'écrivain n'avait point la moindre arrière-pensée d'amour-propre, que son cœur seul parlait, ainsi que son zèle pour la gloire de la Très Sainte Vierge.

Depuis longtemps sans doute il mûrissait le projet de mettre par écrit « *Ses plus chers souvenirs* » : mais nous croyons que l'exécution de ce pieux dessein ne doit guère remonter au delà des années de son ministère à Saint-Roch.

Laissons maintenant la plume au fidèle et dévoué serviteur de Marie ; en voyant avec quelle naïve simplicité il s'était donné tout à Elle, le lecteur se sentira puissamment encouragé à aimer davantage cette divine Mère.

J. M. J. *A. M. D. G. et B. M. V.*

LES PLUS CHERS SOUVENIRS

ET

LES PLUS GRANDES CONSOLATIONS

DE MA VIE.

« Pour la plus grande gloire et pour le plus grand amour de la Très Sainte Vierge Marie, ma toute bonne Mère du Ciel.

« J'ai écrit ce qui suit, que je dépose avec mon testament, afin qu'on sache bien, après ma mort, combien la Très Sainte Vierge a aimé et protégé ma famille, combien surtout elle m'a aimé et protégé moi-même, son enfant de prédilection, quoique bien indigne de ses faveurs (1).

(1) La Très Sainte Vierge semble me dire intérieurement qu'elle attend de moi cette relation, comme témoignage de reconnaissance pour tout ce qu'elle a fait pour moi.

« J'ai voulu, en même temps, pour exciter dans les cœurs de ceux qui liront cet écrit une plus grande dévotion envers la Très Sainte Vierge, donner un faible aperçu de l'amour si tendre et de la dévotion si brûlante que j'ai eus toute ma vie envers cette bonne Mère, qui avait ravi mon cœur tout entier.

Protection spéciale de Marie sur ma famille.

« Je ne puis rapporter ici que ce que je sais, et ce qui m'a frappé le plus dans ce qui est parvenu à ma connaissance.

Marie-Adrienne-Célestine Dufresne, ma grand' mère paternelle, morte le 12 Décembre 1846.

Marie-Françoise Cressin, ma grand'mère maternelle, morte le 4 Octobre 1852, jour de saint François d'Assise, son patron.

Marie-Joséphine Dieu, ma mère, décédée le 15 Octobre 1859, fête sainte Thérèse, un samedi jour consacré à Marie, aux premières Vêpres de la fête de la Pureté de la Sainte Vierge.

Marie-Josèphe-Félicie Dieu, ma marraine et

ma mère adoptive, a eu, comme les précédentes, le bonheur de porter le nom de Marie.

Ma mère a eu pour marraine *Marie*-Françoise Hémerie, et son frère, mon oncle, a eu pour parrain Pierre-*Marie* Ducamp et pour marraine *Marie*-Rose Gadiffet.

« C'est un samedi que Marie a appelé à elle ma mère nourrice, ma grand'mère paternelle, mon cousin et tuteur Théophile Dieu et sa femme Palmyre.

« Nous avons été trois frères : l'aîné est né dans le mois de Marie, le 17 Mai ; le second, le 16 Juillet fête de Notre-Dame du Mont-Carmel, et moi, j'ai eu le bonheur de naître le 15 Février 1850, jour de l'octave de la fête du saint Cœur de Marie, un vendredi, d'être baptisé le lendemain, samedi, et consacré en même temps à ma bonne Mère.
« Je ne sais comment exprimer ici l'amour, la dévotion et le culte extraordinaire que j'avais voués à la Très Sainte Vierge pendant ma vie ; je voudrais que tout ce que j'en dirai, servît à développer ou à augmenter son amour dans le cœur de tous ceux qui auront connaissance de cet écrit.

« La plus grande souffrance de ma vie a été de désirer toujours aimer davantage et de plus en plus vivement cette bonne Mère et de sentir que cet amour, qui croissait cependant de jour en jour, était néanmoins bien au-dessous de ce que je voulais témoigner d'affection à ma Bien-Aimée, qui avait ravi mon cœur. Mes intentions de prières, soit de celles que je faisais moi-même, soit de celles que je demandais aux autres pour moi, se réduisaient à celle-ci : obtenir une dévotion toujours croissante et la plus grande possible envers Marie. Pour moi, me recommander aux prières de quelqu'un, demander à quelqu'un de s'intéresser à moi dans ses prières, c'était dire : « Vous demanderez à Dieu d'augmenter ma dévotion envers Marie, de me l'accorder la plus grande possible. »

« Le bon Dieu m'avait donné un caractère passionné, poussant les choses aux dernières limites ; je l'ai employé tout entier à la dévotion envers Marie. Chacun a sa passion dominante, l'un l'avarice, l'autre l'orgueil, un autre la luxure ; pour moi, ma passion était concentrée dans l'amour de la Très Sainte Vierge, à tel point que j'étais devenu comme insensible à l'avarice, à l'orgueil et à la luxure. Cet amour, qui me passionnait pour ma Mère bien aimée du Ciel, allait au delà de tout ce qu'on peut exprimer ; il était plus fort et plus vif que l'amour d'un jeune homme pour sa fiancée, d'un enfant pour sa mère chérie ; il allait si loin que je n'osais en parler pour l'ordinaire à personne, de peur de scandaliser ceux qui ne m'auraient pas compris. Très peu de personnes ont connu le fond de mes dispositions à cet égard ; je ne me suis ouvert que rarement au saint tribunal à des personnes que je voulais embraser de cet amour qui me consumait. La Très Sainte Vierge Marie était le sujet continuel de mes pensées, le but de toutes mes actions, ma consolation dans mes peines ; l'accroissement de son amour dans mon cœur et dans le cœur des autres, surtout dans les âmes qui s'adressaient à moi en direction, était la fin dernière et le mobile de toutes mes œuvres, comme l'argent est la fin dernière de l'avare. Ma devise était : « *Tout pour l'amour de Marie*, c'est-à-dire : Tout pour l'aimer moi-même et la faire aimer le plus possible par les autres, par le plus grand nombre d'âmes possible. J'étais toujours à la recherche des ouvrages les plus pieux et les plus touchants qui traitent des grandeurs et de l'amour de ma bonne Mère. Voici les trois ouvrages qui m'ont touché davantage et qui ont le plus contribué à développer ma dévotion envers Marie ; j'en recommande la lecture à tous ceux qui ont à cœur l'amour de cette Mère chérie. Le premier a pour titre : *Le Pouvoir de Marie, ou Paraphrase du Salve Regina*, composé par saint Alphonse de Liguori, et loué par lui-même à son insu. La lecture de ce livre le ravit tellement un jour qu'il ne put s'empêcher de demander au frère qui avait été chargé de le lui lire pendant sa vieillesse : « Qui donc a composé ce livre ? Comme il est beau et touchant ! » Il avait oublié que lui-même, inspiré sans doute par la Très Sainte Vierge, était l'auteur de la Paraphrase du Salve Regina. — Le second a pour titre : *L'Excellence et la Pratique de la dévotion à la Très Sainte Vierge*, par le Père de Galiffet, de la Compagnie de Jésus. — Le troisième est intitulé : *Traité de la vraie dévotion à la Très*

Sainte-Vierge, par le vénérable Louis-Marie Grignon de Montfort.

« Le premier fait aimer la Très Sainte Vierge en rapportant ce que la tradition enseigne de la grande miséricorde et de la puissante intercession de Marie, et en ajoutant quelques traits touchants de cette miséricorde et de cette puissance. Le second procède par raisonnement, et fait entrevoir Marie si haute et si parfaite qu'on sent qu'on n'aura jamais trop de dévotion pour elle, si développée qu'elle soit ; l'esprit se perd dans la contemplation d'une si grande élévation. Le troisième ouvrage, c'est-à-dire le livre du vénérable Grignon de Montfort. précise les caractères de la véritable dévotion envers Marie, et indique la manière la plus parfaite de la pratiquer, qui est la consécration qu'on fait de soi-même, comme esclave, à la Très Sainte Vierge, d'après cette devise : « Tout à Jésus par Marie ! »

« J'ai entrepris, avec l'impétuosité de mon caractère, pour aimer davantage ma Bien-Aimée et propager sa dévotion, tout ce que l'on sait et tout ce que l'on ne sait pas ; j'ai répandu un nombre considérable de ses médailles ; j'ai prêté, donné ou propagé une collection d'ouvrages grands et petits, qui traitent de sa puissance, de son amour et de sa gloire etc..; j'ai envoyé dans tout l'univers à des laïques, à des prêtres et à des évêques, des milliers de brochures, surtout de l'apparition de Notre-Dame de Pellevoisin, sans qu'on pût se douter que c'était moi qui expédiais tous ces ouvrages.

« Je me suis recommandé et j'ai recommandé toutes les âmes dont j'étais chargé, surtout mes pénitents, aux plus célèbres sanctuaires de l'univers qui sont consacrés à Marie. Dans toutes mes actions, je m'efforçais d'agir par des moyens détournés et cachés, mais toujours avouables, afin de ne pas être connu, d'éviter les louanges, et de tâcher de me dissimuler à moi-même le bien que je pouvais faire pour la gloire de Marie; je m'excitais ainsi toujours de plus en plus à travailler dans ce but, comme si je n'avais rien fait pour Elle.

« On verra par mon registre de Messes le grand nombre de celles que j'ai dites pour obtenir la plus grande dévotion possible envers la Très Sainte Vierge.

« Tout d'abord, depuis mon pèlerinage à N. D. de Lourdes, au mois d'Août 1879, je me suis engagé à dire chaque mois une Messe pour l'association de N.-D. du Salut; depuis lors je dis cette Messe aux intentions de la Très Sainte Vierge. J'ai encore dit 46 Messes aux intentions de..... c'est-à-dire, comme je le lui avais suggéré, pour obtenir la plus grande dévotion possible envers Marie. J'ai encore dit quelques Messes aux mêmes intentions pour d'autres personnes, auxquelles j'avais inspiré la même pensée.

« On trouvera inscrites également sur mon registre un certain nombre de Messes que j'ai dites en l'honneur de la Très Sainte Vierge et à ses intentions, pour obtenir telle ou telle grâce, d'autres, en reconnaissance de grâces ou de faveurs reçues.

« Mon registre fait foi en même temps du grand nombre de celles que j'ai dites, pour mon propre compte, en l'honneur de la Sainte Vierge.

« Depuis le 18 décembre 1875, fête de l'Attente du divin Enfantement ou de N.-D. de l'Espérance, jusqu'à ce jour..... j'ai dit..... Messes (1),

(1) M. Outrequin est mort dans la nuit du dimanche 17 au

pour obtenir par chacune d'elles l'augmentation la plus grande possible de ma dévotion pour notre bien-aimée Mère du Ciel. Ces Messes sont toutes désignées dans mon registre sous ce titre : *Messe pour obtenir pour moi une augmentation de dévotion à Marie.* — Je fais toutefois remarquer ici que, depuis le dimanche 5 août 1883, je ne dis plus, comme auparavant, la sainte Messe directement pour obtenir une augmentation de dévotion envers Marie, mais j'offre à la Très Sainte Vierge tout le fruit du saint sacrifice, disant la Messe à ses intentions et lui demandant en retour, comme récompense, la faveur que je sollicitais auparavant. Depuis ce temps, toutes mes Messes inscrites *pour obtenir une augmentation de dévotion envers Marie* sont toutes des Messes dites à ses propres intentions.

« Si j'ai agi ainsi, ce n'est pas que les intentions de messes m'aient fait défaut ; j'en avais, surtout à St-Maurice, alors que j'y étais vicaire, toujours plus que je n'en pouvais dire ; ce fut uniquement pour satisfaire ma chère dévotion

lundi 18 mai 1885. La Messe du dimanche 17, la *dernière*, était la 1341e dite à cette intention.

envers Marie. Je préférais me défaire le plus possible de toutes les intentions qu'on m'offrait avec leurs honoraires, quels qu'ils fussent, et faisant un acte de charité, je les donnais à d'autres prêtres indigents, qui étaient heureux de les recevoir. Pour moi, j'offrais à Dieu, pour obtenir une plus grande dévotion envers la Très Sainte Vierge, non seulement le très saint Sacrifice de la Messe lui-même, la plus auguste et la plus efficace de toutes les prières, mais encore le sacrifice d'argent que je m'imposais à chacune de ces Messes, puisque je me privais d'en dire d'autres auxquelles étaient attachés des honoraires quelquefois considérables. Le bon Dieu m'a bien favorisé de ce côté en m'envoyant de Saint-Maurice à Saint-Roch, dans une paroisse où les intentions de messes manquent à peu près complètement. J'ai été assez heureux, soit à St-Roch, soit à St-Maurice pour recevoir des intentions de messes que je pouvais céder à d'autres prêtres, afin de me rendre moi-même plus libre. Dès le 27 janvier 1882, arriva un fait que je regardai comme une récompense visible du sacrifice d'argent que je m'imposais pour dire mes Messes sans honoraires, aux intentions de Marie : ce fut la vente inattendue et à un prix très élevé d'une de mes pièces de terre ; j'obtins par là, comme compensation, beaucoup plus que je ne perdais.

Origine et source de ma dévotion à Marie.

« Pour faire bien comprendre mes sentiments, vous me permettrez, ma bonne petite Mère, de me servir ici de faits empruntés à la Vie des Saints ; non pas, sans doute, pour m'assimiler à eux, mais seulement pour établir entre eux et moi quelque comparaison, comme entre la lumière du soleil et la lumière d'une petite lampe.
« Il arrive souvent chez les Saints, qu'une ou plusieurs bonnes actions, soit d'eux mêmes, soit de leurs parents, ont obtenu de Dieu des grâces particulières et spéciales qui les ont conduits à la perfection, et souvent à tel ou tel genre de perfection. Je précise ma pensée par quelques exemples : saint André Corsini, ayant été consacré à la Très Sainte Vierge par sa mère, dès sa nais-

sance, obtint plus tard à cause de ce fait, même après une jeunesse orageuse, non seulement sa conversion, mais la sainteté et une grande dévotion à Marie. Saint Martin, ayant fait par le don d'une partie de son manteau à un pauvre, un acte de charité très agréable à Dieu, obtint la sainteté et la grâce particulière de la charité qu'il exerça, surtout par de nombreux miracles. Saint Jean Gualbert obtint la sainteté par le pardon accordé au meurtrier de son père ou de son frère; et ainsi de beaucoup d'autres saints. Il y a donc eu souvent dans leur vie quelques actes déterminants, permis ou voulus par Dieu, qui leur ont mérité une sainteté particulière : à l'un, la charité envers les enfants, comme à saint Jérome Æmilien; à l'autre, la charité envers les malades, comme à saint Camille de Lellis ; à un autre, la dévotion au Sacré-Cœur de Jésus, comme à la bienheureuse Marguerite-Marie ; à un autre enfin, la dévotion au Saint Cœur de Marie, comme au vénérable Eudes, et ainsi de suite.

« Beaucoup de saints ayant eu, pour ainsi parler, des spécialités pendant leur vie continuent après leur mort, de rendre aux vivants des services analogues à ceux qu'ils leur rendaient sur la terre. Ainsi, on demande à saint Hubert la guérison de la rage ; à saint Roch la guérison ou la préservation des maladies pestilentielles. Tel saint ou telle sainte obtient particulièrement telle grâce.

« Pour ce qui me concerne, je ne puis rappeler que ce qui est à ma connaissance. Combien d'autres détails, qui sont cependant bien touchants, que j'ignore et que je ne connaîtrai que dans l'éternité ! O bonne Mère, ô Marie, ma vie et mon bonheur sur la terre, conduisez ma plume afin que je puisse bien exprimer tout ce qui, dans les grâces que vous m'avez accordées, pourra contribuer à votre plus grande gloire, ô tout aimable Maîtresse !

« Voici donc quelques uns des faits nombreux qui ont été l'origine et la source de ma dévotion envers Marie.

« C'est d'abord la consécration qui a été faite de moi-même à Marie aussitôt après mon baptême, consécration confirmée par les couleurs, le blanc et le bleu, que tous mes vêtements ont conservées pendant plusieurs années. J'ai été aussi dans mon enfance placé sous la protection de Marie, reposant pendant la nuit à l'ombre de son image qui dominait mon petit lit.

« Plus tard est arrivé cet acte mémorable de la dévotion de ma mère envers la Reine du Ciel. C'était le 15 Août 1859, au salut de l'Assomption, le cierge de la sainte Vierge était mis à prix publiquement ; ma chère mère, de sainte mémoire, surmontant de vives appréhensions, et sans souci du prix élevé où la concurrence avait fait monter ce cierge qu'elle ambitionnait, obtint enfin l'honneur de conserver pour elle ce précieux dépôt. Hélas ! elle ne put le rendre elle-même à Marie l'année suivante, puisque deux mois après, jour pour jour, le 15 Octobre, un samedi, la Très Sainte Vierge l'appelait à elle au Ciel, et se donnait à moi, comme Mère, pour remplacer celle qu'elle m'enlevait ; elle m'obligeait par là, ô douce et infiniment aimable obligation, à lui donner mon petit cœur sans partage et sans retour.

« Je rappelle aussi tant de dizaines de chapelet que mon frère Émile me faisait alors réciter avec lui dans notre chambre, et cela avec une ferveur sans pareille. Que n'ont pas dû obtenir de Marie tant de prières en commun !

« Pour tout dire, il ne faudrait point passer sous silence les consécrations sans nombre que j'ai faites de moi-même à Marie, depuis celle de mon premier pèlerinage à Montflières et celle de ma première Communion jusqu'à ce jour. Je crois me souvenir que c'est à ce pèlerinage du mois de Mai 1862 à Notre-Dame de Monflières que je dois la première inspiration (peut-être m'est-elle venue ce jour-là même) de changer de confesseur : ce que je fis avant ma première Communion. Je m'adressai dès lors jusqu'à la fin de mes études, à Monsieur l'abbé Deberly ; c'est lui qui m'a préservé de tout danger, inspiré la plus grande dévotion envers Marie, qui a échauffé et développé ma piété, préparé et soutenu ma vocation hésitante à l'état ecclésiastique.

Déjà par lui, quelques mois auparavant, le 9 Février 1862, le lendemain de la fête du Saint-Cœur de Marie, pendant l'Octave de cette fête, j'avais reçu comme récompense de catéchisme, la vie de saint Stanislas Kostka. La lecture de ce livre m'a fait, cette année-là surtout, le plus grand bien et a contribué aussi à me faire aimer davantage Celle que ce saint jeune homme aimait tant.

« Je me rappelle une circonstance du jour de ma première Communion qui a pu toucher le cœur si tendre de ma bonne Mère du Ciel, c'est le regret que j'ai éprouvé de ne pas avoir été désigné pour réciter publiquement l'acte de consécration à la Très Sainte Vierge. Je l'ambitionnais non comme un honneur, puisque j'avais à réciter, au nom de tous, l'acte de rénovation des vœux du baptême, mais seulement par un sentiment de dévotion ; j'aurais bien volontiers échangé mon acte avec celui de la Consécration à Marie qui avait été donné à Charles de Rambure. . . . .

. . . . »

Puis l'abbé Outrequin parle des difficultés et des tentations qu'il rencontra dans la pratique fidèle de la piété et de la pureté ; il montre avec quelle confiance il recourait alors à Marie (1) ; et il continue ainsi :

(1) Voir chapitre I, p. 24.

« Pour attirer de plus en plus sur moi les regards favorables de ma bonne Mère, je me faisais un bonheur de mettre avec la ✝ les initiales *J. M. J.* et la petite invocation, si chère à mon cœur, « *Ave Maria* » au haut de tous mes cahiers et de toutes mes copies; j'avais joint aussi à ma signature ces deux lettres *A. M.* presqu'indéchiffrables, c'est-à-dire : à Marie ; lettres que je remplaçai plus tard par ces autres : *E. de M.*, Enfant de Marie. De plus, tous les ans, pendant le mois de Marie, ma grande joie était d'ajouter à mes communions ordinaires, une communion spéciale, le samedi, en l'honneur de ma Bien-Aimée. J'avais pris en outre l'habitude de lui consacrer tout ce qui était à mon usage et dont je me servais pour la première fois.

« Quelques mois après ma première communion, à la suite d'une retraite générale, je fus admis dans la Congrégation de la Sainte Vierge, dont je devins plus tard assistant et préfet. Je me souviens qu'un jour, tourmenté par de grandes et rudes épreuves et, sans doute, sous l'inspiration du démon, je voulus me démettre de la charge qui m'avait été imposée, et que je ne consentis à rester congréganiste, malgré la tentation qui me poussait à tout abandonner, que par le *seul* amour de Marie. Je crois avoir raison de penser que le grand sacrifice que je dus m'imposer pour ne pas succomber à cette tentation, m'a obtenu dans la suite une nouvelle protection de la Très Sainte Vierge.

« Tant d'occasions mauvaises dont j'ai voulu me garantir pendant ma jeunesse, tant de précautions minutieuses que m'inspirait la crainte excessive du danger, l'amour passionné de la chasteté, un caractère ardent pour le bien et le désir d'être toujours bien préparé à mes communions fréquentes, l'isolement où je me trouvais par la privation de camarades ayant les mêmes goûts que moi, m'ont déformé le caractère, au point de me rendre un peu sauvage, si je puis ainsi parler, et ridicule. Mais comme je n'ai agi que pour vous, ma bonne Mère, et pour votre cher Fils Jésus, je vous offre cette infirmité, afin d'obtenir la grâce de vous aimer encore davantage. Que m'importe de déplaire au monde comme je lui déplais par mon isolement et ma misanthropie, pourvu que j'aie pu conserver le seul moyen que j'avais de rester entièrement chaste !

« Avec tant de précautions et la direction si ferme et si soutenue que je recevais tous les jours, depuis ma première Communion, de M. l'abbé Deberly, j'évitais tous les dangers ; mais je redoutais l'époque des vacances comme la mort, de peur d'y rencontrer des occasions de me perdre. Que de larmes je versais chez mon directeur, aux approches de ces vacances si redoutées ! Elles me causaient autant et plus de peine qu'à d'autres l'époque de la rentrée des classes. Alors, sans connaître la valeur et l'importance du Saint-Sacrifice de la Messe, sans conseil de personne, mais comme poussé par une inspiration, et plein de confiance en Celle qui ne m'avait jamais abandonné, j'allais bien des fois commander des Messes, pour ma persévérance, aux Franciscains d'Amiens. Grâce à ce secours de prières, grâce à vous, ô Marie, j'arrivai à traverser ces luttes incessantes et inouïes qui remplirent ma vie de collège et à préserver ma vertu et ma piété. Soyez donc éternellement bénie et remerciée, ma toute bonne et miséricordieuse Mère Marie, de cette maternelle protection, dont vous m'avez entouré durant toutes mes études. Recevez de ma part, comme actions de grâces, tous les sentiments réunis d'amour et de reconnaissance dont sont pénétrés pour vous tous les êtres qui ont peuplé et peupleront l'univers, et qu'ils ne cesseraient de vous témoigner s'ils avaient reçu de votre part les mêmes grâces et les mêmes bienfaits non mérités.

« A la fin de mes études classiques, je fus amené providentiellement par la main de Marie, à entrer au Grand Séminaire de Saint-Sulpice, dans cette maison de Paris qui est comme son Séminaire. M. l'abbé Faillon, prêtre de Saint-Sulpice et auteur de la vie de M. Olier, disait en parlant de cette maison : « En y entrant, je fus ravi de voir la grande dévotion envers Marie dont on y fait profession, et surtout la solennité et la piété avec lesquelles on y célèbre la fête de la Présentation. »

« Je dois ma belle vocation à Marie, qui a déterminé dans ma vie certains actes propres à attirer sur moi une bénédiction spéciale. Tout jeune encore j'accompagnais déjà le Très Saint-

Sacrement pendnt les processions solennelles, tenant la main de mon vénéré père qui portait un des cordons du dais. . . . .
. . . . »

Ici le pieux enfant de la Très Sainte Vierge raconte les salutaires impressions qu'il reçut de la lecture de la vie de saint Stanislas. Comme nous avons déjà cité textuellement cette page si touchante dans le premier chapitre, pour éviter une redite nous l'omettons ici (1).

Puis parlant encore de ses années de collège pendant lesquelles saint Stanislas fut son modèle et pour ainsi parler, son maître dans la science d'aimer Marie, M. Outrequin écrit ce qui suit :

« Je me souviens qu'à cette époque, j'avais tellement à cœur la conservation de ma chasteté que je regardais d'un œil d'envie la position de nos maîtres à Saint Stanislas, non pas pour avoir le bonheur d'être prêtre ou de faire du bien, mais parce qu'il me semblait qu'ils étaient tout-à-fait en assurance contre le vice impur ; je

(1) Voir chapitre I, p. 12-15.

croyais qu'à leur âge et dans leur position je n'aurais plus rien à craindre des tentations, et qu'étant prêtre on était même à l'abri de toute suggestion du démon.

« Dirai-je après cela que le jour même de ma première Communion, ayant eu crainte d'avoir donné mon consentement à une mauvaise pensée, je ne voulus pas prendre mon repos sans avoir été trouver mon directeur, pendant le coucher des élèves, et que là je pleurai tout ce que je savais, jusqu'à ce qu'il m'eût assuré que je m'attristais sans sujet et que je n'étais pas coupable. Dirai-je également que le jour du renouvellement de ma première Communion, une de mes plus grandes peines fut d'être obligé de renouveler en même temps mes promesses du Baptême, tant je craignais d'être infidèle à mes vœux solennels? Je regrettais de n'avoir pas eu la pensée de me cacher pendant les Vêpres pour éviter ainsi de faire avec les autres cette renovation des vœux du Baptême que j'appréhendais; ou bien, j'aurais voulu, en accompagnant mes condisciples à l'endroit où se faisait la cérémonie, n'être pas obligé de parler. Qu'on juge, après cela ce que j'eusse été, ce que je serais maintenant sans ce qu'a opéré en moi la vie de saint Stanislas, si, dans mon enfance, je n'avais pas eu ce précieux livre, ce trésor, pour mieux dire ; qu'on juge en même temps ce que pourraient être, ce que deviendraient bien des enfants si on leur mettait entre les mains, comme livres de lecture, et si on leur apprenait à goûter, la Vies des Saints, plutôt que des romans ou des brochures insignifiantes. L'homme, l'enfant surtout, est naturellement imitateur, on doit donc bien se persuader que souvent, si les enfants ne sont pas meilleurs, ce n'est ni par défaut de caractère ni par mauvais naturel, mais parce qu'ils manquent de beaux exemples à suivre.

« Quoiqu'il en soit des autres moins privilégiés que moi sous ce rapport, je ne vous remercierai jamais assez, ô ma Souveraine bien-aimée, de m'avoir fait trouver ainsi la Vie de votre tout dévoué serviteur saint Stanislas ! »

Ici s'arrête ce testament de la piété la plus tendre et de l'amour le plus filial envers Marie. Il n'est point achevé..... la mort est venue surprendre la main qui l'avait commencé, elle a glacé le cœur qui le dictait ! Saurons-nous faire connaître ce que ce touchant écrit nous aurait révélé s'il eût été continué ? c'est du moins cette tâche que nous essaierons d'accomplir dans les deux chapitres suivants.

CHAPITRE VII.

FRUITS DE CETTE DÉVOTION ENVERS MARIE : DÉSIR DE LA PERFECTION ; ZÈLE POUR Y PARVENIR.

M. Outrequin a pris soin de nous en avertir lui-même : il n'a pu nous donner qu'un faible aperçu des effets de sa dévotion envers Marie. Les fruits consolants et nombreux qu'il en a recueillis chaque jour, son humilité lui interdisait de les voir tous, et surtout d'en parler indistinctement.

Pour la gloire de la Très Sainte Vierge, nous essaierons de les découvrir et de les faire connaître.

Grâce à sa dévotion extraordinaire envers Marie, le jeune vicaire de Saint-Roch était parvenu dans sa vie sacerdotale à une perfection peu commune. Il était devenu, dans toute la force du terme, un homme d'oraison. Comprenant l'importance capitale de la préparation éloignée à l'oraison, il s'était de longue date habitué à des sacrifices de toutes sortes pour éviter la dissipation et se conserver dans le recueillement. Depuis l'âge de seize ou dix-sept ans, il s'excusait invariablement de prendre part au jeu de cartes. On le pressait un jour avec de vives instances de s'y associer : « Non, répondit-il, car je me passionnerais. » Une telle réponse montre avec quel soin jaloux il veillait à la garde de son âme, pour la préserver de tout ce qui aurait pu la détourner de Dieu et amoindrir sa ferveur.

Il ne comprenait pas que l'on passât un temps considérable à lire des journaux. Pour lui, il n'en recevait aucun : « Cette lecture nous trouble, disait-il ; lisez la Vie des Saints et vous ne craindrez que d'offenser le bon Dieu. »

La vie des Saints ! Voilà bien en effet ce qui le passionnait. Depuis son enfance, il s'était nourri de leurs exemples, de leurs belles et touchantes paroles ; et ses lettres, ses écrits, ses instructions, ses entretiens spirituels puisaient souvent une grande onction et une véritable force dans cette pieuse connaissance de l'hagiographie.

Les visites, les réunions du soir ne trouvaient point place dans son plan de vie ; les dernières heures du jour lui étaient souvent nécessaires pour achever les exercices de piété qu'il n'avait pu faire plus tôt, et il aimait à les passer dans le silence et le recueillement, afin d'être mieux préparé le lendemain à l'Oraison et à la sainte Messe.

Cet attrait pour la prière et la solitude explique et justifie entièrement la vie un peu retirée qu'il menait. Il était vraiment épris de la vie intérieure, il en avait un besoin instinctif, il en sentait le prix inestimable dans la vie sacerdotale et redoutait tout ce qui aurait pu lui en faire perdre l'esprit. Nul doute que la Très Sainte Vierge ne lui ait inspiré elle-même de si précieuses dispositions, et qu'elle n'ait pris un soin tout spécial de les lui conserver.

En examinant attentivement son cahier de

retraites, on pourrait remarquer que les débuts du ministère mirent bien à l'épreuve son amour de l'oraison.

Le travail matériel qu'il était obligé de s'imposer pour préparer les offices, surtout ceux du dimanche et des fêtes, et pour tenir en ordre la sacristie, l'empêchait assez souvent de faire, avant la sainte messe, une heure entière d'oraison, comme il s'en était fait une règle. La préparation des prônes et des instructions, surtout à l'époque du Carême, exigeait de lui un travail long et pénible, qui, dans les premières années de son ministère, entrava aussi quelque peu sa régularité ; mais sa dévotion envers la Très Sainte Vierge et son énergique persévérance à faire la retraite du mois triomphèrent bientôt de ces obstacles.

Pour donner de ses efforts et de sa vigilance une idée exacte, voici quelques notes prises çà et là dans les examens de ses retraites mensuelles.

« 17 Juillet 1876. — 1re RETRAITE.

Oraison.—Je n'y ai pas souvent manqué sans nécessité; mais je ne me suis pas assez appliqué à la bien faire ; parfois je ne la fais pas d'une manière assez pratique.

Messe. — J'ai manqué quelquefois à la préparation immédiate ; je ne fais pas mon action de grâces avec assez de recueillement, ni avec assez de sentiments intérieurs.

Lecture spirituelle. — Je l'ai souvent trop négligée, et sans nécessité.

Oraisons jaculatoires. — Je n'y pense pas plus que si je ne savais pas ce que c'est.

Examen particulier. — Je l'ai quelquefois omis, et d'ailleurs, le plus souvent, je ne le fais ni assez sérieusement, ni assez développé pour qu'il me soit bien profitable. . . . .
. . . .

« 25 Août 1876. — 2e RETRAITE.

Oraison. — Progrès sur le mois précédent; il faudrait cependant approfondir davantage le sujet, et ne pas être si nonchalant en la faisant, ce qui me fait perdre beaucoup de temps.

Messe. — Sans manquer précisément à la préparation immédiate, je n'y apporte pas assez de soin. Si l'action de grâces, la plupart du temps, est si mal faite, serait-ce à cause d'un manque de foi ou d'une déplorable routine ? Je tâcherai de me pénétrer de cette pensée : Dieu est en moi. . . . .

. . . .

Observations générales. — Je deviens un peu taquin ; je suis trop timide et trop sensible. »

Un peu plus loin, à la date du 19 Décembre 1876, nous lisons :

« Anniversaire de ma première Messe.

4e RETRAITE.

Oraison. — Mes nombreuses occupations me l'ont fait négliger souvent.

Lecture spirituelle. — faite trop rarement, pour cause sans doute !!

Chapelet. — Récité sans attention, ni amour.

Oraisons jaculatoires. — Je n'ai pas l'air de les connaître. . . . .

. . . .

« 29 Janvier 1877. — Saint François de Sales.

5e RETRAITE.

Oraison. — Mal faite et souvent morcelée en différents moments de la journée, pour n'avoir pas été faite le matin, dans le temps convenable et avant la Messe. . . . . . .

. . . .

Chapelet. — Je gémis devant la Très Sainte-Vierge de la manière dont je le récite.

Oraisons jaculatoires. — Aucun progrès.

Examen particulier. — Grande réforme à faire sur ce point ; il n'est pas jusqu'ici ce qu'il doit être : je ne scrute pas assez ma journée.

« 26 Mars 1877. — 6e RETRAITE.

« Trop d'occupations matérielles, les instructions du Carême à préparer m'ont fait négliger l'Oraison à peu près toujours, mais à mon grand regret et à mon grand détriment. Quelle perte pour mon âme!!!

Messe. — Pas de préparation immédiate, à peine la prière : *Ego volo celebrare ...* » Aussi j'ai souvent à me reprocher de ne pas être pénétré de la présence de mon Jésus. De combien de grâces je dois me priver!!!...

Oraisons jaculatoires. — Rien absolument.

Confession. — La seule chose qui se conserve au milieu de tant de ruines.

Dévotion à la Très Sainte-Vierge. — Elle dépérit toujours, faute d'entretien. »

C'est ainsi qu'il se jugeait lui-même avec une rigoureuse sévérité. Dans ces examens il y a plus de reproches et de regrets que de notes satisfaisantes; n'oublions pas que les âmes vraiment humbles et avides de perfection ne scrutent point leur conscience pour se décerner des éloges. Mais tant d'efforts persévérants, tant de scrupuleuses rigueurs portent bientôt les meilleurs fruits ; le progrès s'affirme, la dévotion envers la Très Sainte-Vierge s'accroît, la lutte quotidienne pour la réforme du caractère devient plus généreuse, l'homme d'oraison se révèle ; son union à Dieu par Marie se manifeste plus intime, plus efficace.

Voici, après deux ans pendant lesquels les retraites mensuelles ont été faites régulièrement, quelques-uns des résultats obtenus :

« 30 Juillet 1879. — 26e RETRAITE.

Oraison. — Je m'y suis bien appliqué depuis le 27 juin, de même qu'à mes autres exercices de piété, que j'ai repris régulièrement.

Oraisons jaculatoires. — Mes pensées sont habituellement tournées vers la Sainte Vierge, ma Mère.

Chapelet. — J'ai été toujours fidèle à mon Rosaire complet ; mais l'attention ? mais l'affection en le récitant ? Que de choses à gagner encore !!!

Confession. — Toujours bien.

« 1er Octobre 1879. — 27e RETRAITE.

Oraison. — Je m'y suis adonné assidûment.

Lecture spirituelle. — Faite assez régulièrement et toujours bien attentive.

Oraisons jaculatoires. — Comme à la précédente retraite.

Chapelet. — Je suis en progrès : grâce à Dieu et à Marie, ma Mère.

Dévotion à Marie. — Toujours elle est vive. Je vais reprendre sérieusement la récitation de mon cher *Ave Maria*, à chaque demi-heure, au son de la cloche et à genoux.

Travail. — Mon temps est toujours bien employé.

« 4 Novembre 1879. — 28e Retraite.

Bréviaire. — Je n'ai pas manqué depuis la dernière retraite de dire toujours Matines et Laudes avant ma Messe. Je veux à partir d'aujourd'hui faire plus encore : je les dirai la veille et je prendrai quelques secondes avant de commencer pour me recueillir.

Oraisons jaculatoires. — Comme aux précédentes retraites.

Dévotion à Marie. — Je donnerai plus d'attention encore à mon *Ave Maria*, au son de la cloche, à chaque demi-heure les bras en croix.

Travail. — Pas de reproche sérieux à me faire.

Caractère. — Je suis en progrès sur le mois dernier au sujet de la douceur: il me reste à montrer plus d'affabilité aux personnes avec lesquelles je parle, surtout aux pauvres.

« 8 Décembre 1879. — Fête de l'Immaculée-Conception de la Très Sainte Vierge. — 25e Anniversaire de la définition du dogme.

29e RETRAITE.

Bréviaire. — Je suis en progrès sur le mois dernier; car j'ai dit tous les jours Matines et Laudes la veille. Je veux en ce mois-ci gagner de les dire plus tôt dans l'après-midi. Je dirai aussi les quatre petites heures avant midi, et surtout je m'appliquerai à prendre quelques instants de recueillement avant de commencer.

Oraisons jaculatoires. — Je me porte habituellement à Dieu par la pensée de la Très Sainte-Vierge.

Dévotion à Marie. — Se maintient toujours ; mais je serai plus exact à réciter avec attention mon *Ave Maria*, au son de la cloche.

A une autre date, nous lisons :

« 5 Janvier 1880. — 30e RETRAITE.

« Je pense souvent à Marie que j'aime tant!

« Je bénis la Très Sainte Vierge de me conserver toujours aussi vive ma dévotion envers elle. Mon *Ave Maria* a été dit avec plus de ferveur et plus exactement, malgré les difficultés.

Chapelet. — J'ai gagné sur le mois précédent de le dire beaucoup plus attentivement à certains jours.

« 8 Août 1881. — 48e RETRAITE.

Lever. — Je me suis levé bien exactement; mais il me manque encore de la promptitude pour sortir du lit.

Oraison. — Elle a été faite régulièrement durant ce mois ; je tâcherai de la faire toujours avant la Messe.

Dévotion envers la Très Sainte Vierge. — Il me semble qu'elle augmente encore. Merci, ô Marie, de m'obtenir cette grâce que je désire si vivement.

« 13 Septembre 1881. — 49e RETRAITE.

Oraison. — J'y suis fidèle ; mais deux choses m'ont manqué : 1° de la faire avec mon livre ; 2° de la faire toujours avant la Messe ; toutefois ce n'est point par ma faute que je l'ai faite plus tard.

Messe. — Je n'ai pas été tout à fait aussi fidèle à la préparation immédiate ; mais la préoccupation en question (1) a heureusement diminué. J'observe bien les cérémonies, mais je ne fais pas assez attention au sens des prières que je récite. L'action de grâces commence à être plus attentive.

(1) Signalée dans la retraite précédente.

Dévotion à Marie. — Pour lui prouver mon grand amour, je ferai en sorte d'être plus recueilli dans toutes les prières que je lui adresse, surtout dans la récitation de l'*Ave Maria* à chaque demi-heure.

Caractère. — Ma vivacité ne paraît plus tout-à-fait autant. Je ne suis pas assez affable dans mes rapports avec le prochain ; je laisserai davantage parler les autres dans les conversations et je prendrai plus d'intérêt aux affaires dont ils m'entretiennent.

« 5 Octobre 1881. — 50e Retraite.

Oraison. — Il y a grand progrès sur les deux points signalés le mois dernier. Mais je dois m'appliquer, en la terminant, à remercier Dieu du fond du cœur pour les grâces que j'y ai reçues, et à le prier pour obtenir le fruit spécial de l'oraison. »

C'est ainsi que M. Outrequin travaillait son âme avec une persévérante énergie. On peut assurer, en compulsant le résumé de ses retraites du mois, que pendant ses dernières années, il vivait presque continuellement sous le regard de Marie.

En effet à la date du 1er octobre 1879, nous lisons cette résolution : « Je vais reprendre sérieusement la récitation de mon cher *Ave Maria* à chaque demi-heure, au son de la cloche et à genoux. »

Cette pieuse pratique, inaugurée sans doute pendant le temps du séminaire, fut reprise en effet, et les examens des retraites suivantes attestent qu'elle fut dès lors conservée avec une très grande fidélité.

Du 17 Juillet 1876 au 23 Avril 1885, un mois à peine avant sa mort, le fidèle serviteur de la Très Sainte Vierge fit quatre-vingt-dix fois la retraite du mois ; et les examens auxquels il s'astreignait en chacune de ces retraites touchant sa fidélité aux exercices de piété, son caractère, l'emploi de son temps, sa dévotion envers la Très Sainte Vierge sont écrits avec une exactitude bien remarquable.

Il y a dans ce seul trait la preuve d'une grande énergie et d'un désir bien ardent de se sanctifier. Aussi ses progrès dans la vie intérieure et dans l'oraison étaient-ils plus grands que ne le laissent supposer ses examens toujours faits avec une sévérité et une rigueur extrêmes envers lui-même ; on en pourra mieux juger par les quelques traits que nous allons rapporter.

« Quand on n'a pas assez d'occupations dans le saint ministère, disait-il un jour à un de ses confrères, on fait une heure supplémentaire d'oraison. » La méditation que tant d'âmes pieuses, et d'ailleurs ferventes, trouvent si difficile, lui était devenue un exercice familier ; dans les derniers temps, il savait au besoin la faire sans livre, et un prêtre, son parent et son ami, fut à plusieurs reprises vivement frappé de la facilité avec laquelle il le voyait se mettre en oraison. Les sujets qu'il méditait alors et qui faisaient l'objet de si ferventes contemplations, devaient être sans aucun doute les grandeurs et les vertus de Marie.

Parmi les vertus de la Très Sainte Vierge nous pouvons croire qu'il contemplait très souvent son humilité ; car, d'après certaines de ses confidences, depuis l'âge de dix-sept ans, il se serait senti un attrait très prononcé pour la méditation de cette vertu de Marie.

Il se confessait régulièrement tous les huit jours, et s'il prévoyait quelqu'empêchement, il préférait prendre l'avance, plutôt que de retarder même d'un seul jour sa confession. Pendant qu'il était vicaire à Saint-Maurice, il s'adressait à M. l'aumônier du cimetière de la Madeleine : « Je me prépare mieux au Sacrement de Pénitence, disait-il, lorsque j'ai médité pendant quelques moments sur la tombe des morts. »

Son esprit de foi et ses dispositions intérieures se révélaient souvent dans ses conversations; et dans les moindres occasions, ses paroles faisaient assez connaître la ferveur et la générosité de son âme :

« Si je résistais à une inspiration, disait-il, je croirais avoir un pied en enfer.

« Ce n'est pas du *bien* qu'il me faut dans le service de Dieu, c'est du *très bien*.

« Pour moi, je ne désire que le Ciel et si je

connaissais en moi quelque chose qui m'attachât à la terre, je l'arracherais aussitôt. »

Avec le plus grand soin il s'entretenait dans l'esprit de sacrifice, surtout par la mortification intérieure : rester caché et ignoré, se faire oublier le plus possible était une loi pour lui. « Il allait son petit train, aimant le bon Dieu de tout son cœur et Marie comme une mère, sans ombre de retour sur les autres ou sur lui-même. » (*Lettre d'un directeur du Séminaire d'Issy.*)

Dans ses examens il se reprochait de trop parler de lui et des affaires qui le regardaient personnellement : « Je ferai en sorte, écrivait-il ensuite, de faire parler les autres : je m'efforcerai de m'intéresser à leurs récits et à leurs affaires. » (*Retraite du* 17 *juin* 1880).

Ailleurs il prenait cette résolution : « Je tâcherai de faire moins paraitre le sentiment que j'ai de mon indignité, puisque je ne puis convaincre ceux auxquels je le manifeste, et que l'on pourrait m'accuser de faire de la fausse humilité. » (*Retraite du* 6 *Juillet* 1881).

Étant encore très jeune, il s'exerçait à réprimer sa curiosité et à vaincre tout empressement en s'interdisant, pendant un jour ou deux, de lire les lettres qu'il recevait.

Le lever du matin lui était pénible ; mais il ne se faisait aucune grâce sur ce point, et se reprochait sévèrement dans ses examens les moindres petits retards à sortir du lit, alors même que son lever avait été matinal.

En s'associant à la confrérie du Rosaire perpétuel, il avait choisi, comme heure de garde en l'honneur de Marie, une des heures de la nuit, de minuit à une heure du matin ; car il avait à cœur d'unir la mortification à la prière, afin de plaire davantage à sa bonne Mère.

Ni les plus grands froids, ni les plus accablantes chaleurs n'étaient capables de lui arracher la moindre plainte. Il avait coutume de porter un gilet de laine pendant les plus chaudes journées de l'été ; et en plein hiver il se refusait une douillette : à Saint-Maurice en particulier on n'a pu le voir en porter qu'une seule fois, et la chose fut remarquée comme tout à fait extraordinaire.

Il était dur à lui-même et ne savait guère

prendre le temps de se soigner lorsqu'il avait quelqu'indisposition. Les pénibles infirmités de sa jeunesse lui avaient appris à ne point se laisser arrêter par la souffrance dans l'exercice de ses fonctions et dans l'accomplissement de ses devoirs. Les plus grandes fatigues ne lui servaient point de prétextes pour négliger ses exercices de piété ; l'amour du devoir et l'esprit de sacrifice étaient au contraire si profondément entrés dans sa vie que, la veille des fêtes, après avoir entendu de nombreuses confessions, il récitait son bréviaire debout, afin de ne point se laisser aller au sommeil.

Il ne se croyait point appelé aux mortifications, ni aux pénitences extraordinaires ; son tempérament trop faible ne lui eût pas permis de les ajouter aux fatigues et aux sacrifices journaliers de la vie sacerdotale, telle qu'il la comprenait. Quant aux privations et aux petites mortifications qu'il s'imposait habituellement, il disait souvent à une personne à laquelle il ne pouvait pas toujours les cacher, « que ces sacrifices ne lui coûtaient guère, que l'habitude de les faire lui ôtait tout mérite, et que du reste il trouvait une véritable satisfaction à les accomplir. »

Par délicatesse de conscience, il avait cessé de faire partie du Tiers-Ordre de saint François, ne croyant pas pouvoir jouir de ses privilèges sans remplir toutes les obligations que sa règle imposait : il ne pouvait se résoudre à profiter des abstinences et des jeûnes de ses frères sans les payer de retour. Le Souverain Pontife ayant adouci la règle du Tiers-Ordre, il se fit de nouveau recevoir comme novice, et après avoir pris l'habit le 8 Octobre 1883, il fit profession le 27 Mars 1885, sous le nom de frère Marie-Joseph des Sept-Douleurs.

La dévotion envers la sainte Vierge s'alliait en lui, comme il arrive presque toujours, à un amour ardent de la Sainte Église et du Vicaire de Jésus-Christ. Avec ce double amour de Marie et de l'Église, il n'avait pas à craindre de voir s'altérer la virginité de sa foi. Les erreurs modernes lui inspiraient une horreur profonde; et dans les questions qui touchent de près à la foi, les habiletés qui, sans vouloir défendre et sauvegarder l'erreur elle-même, s'ingénient presque à lui trouver un *modus vivendi* auprès de la vérité, lui inspiraient la plus grande défiance.

Le *Minimisme*, système qui consiste à amoindrir l'ordre surnaturel et à restreindre le plus possible son cercle d'action, lui était absolument antipathique. Le pieux serviteur de Marie voyait dans les définitions nouvelles émanant du Souverain Pontife ou des Conciles, il reconnaissait dans les Encycliques et les Actes pontificaux une lumière envoyée de Dieu et un épanouissement de la foi catholique ; aussi les acceptait-il avec joie, sans restrictions et sans regrets. Il s'étonnait que l'on cherchât à diminuer l'autorité du Syllabus en lui déniant une valeur propre et intrinsèque et en lui refusant même le caractère d'un acte pontifical. Dans une longue lettre à un de ses confrères, dont la science théologique lui était connue, il le consulte sur la valeur des arguments que les libéraux-catholiques invoquent à l'appui de cette thèse. Sa lettre expose très clairement l'état de la question et nous montre combien il était resté fidèle aux études théologiques. Pour lui, l'intention du Souverain Pontife de donner au Syllabus une autorité propre et égale à celle de l'Encyclique *Quantà Curà* était manifeste. Or, une telle intention ne laissait à ses yeux aucune place à une opinion qui allait droit à enlever à l'acte pontifical l'importance et la force obligatoire que les évêques, les fidèles et les ennemis mêmes de l'Église lui avaient reconnues, dès le jour de sa promulgation. Le sens catholique, qu'il possédait à un très haut degré, lui avait inculqué ce sentiment.

En diverses circonstances, Pie IX a en effet souvent rappelé l'importance et la haute valeur qu'il attachait au Syllabus. Depuis, le Souverain Pontife Léon XIII, glorieusement régnant, a fréquemment cité ou mentionné cet important document et l'a toujours placé sur le même rang que les Encycliques et autres actes pontificaux dont les enseignements sont obligatoires pour toute l'Église. En présence de témoignages d'une si grande autorité, il croyait qu'il n'est pas possible de refuser au Syllabus une autorité propre et égale à celle de l'Encyclique *Quantà Curà*, sans manquer gravement à l'obéissance et au respect qui sont dus au Siège Apostolique.

S'agissait-il de faits surnaturels, d'apparitions et de miracles, M. Outrequin n'était point non plus partisan du *Minimisme*.

Il évitait sans doute avec le plus grand soin de tomber dans l'excès contraire, car il était entièrement convaincu que la soumission à l'autorité ecclésiastique et le respect le plus absolu de ses décisions sont la seule voie qui soit sûre ; mais il croyait volontiers à la bonté et à la puissance divine ; il croyait avec une foi ardente et un amour filial à la toute puissance d'intercession de la Mère des Miséricordes, et loin d'être étonné qu'elle intervînt au milieu des luttes que soutient l'Église et des assauts qui sont livrés aux âmes et aux croyances catholiques, il était persuadé que le secours puissant et victorieux de la Reine du Ciel ne peut nous faire défaut.

C'est dans cette pensée qu'il fit avec un grand bonheur et de grands fruits pour son âme, les pèlerinages de Chartres, de Paray-le-Monial, de Fourvières, de la Salette, d'Ars, de Lourdes, de

Notre-Dame de la Garde, de Lorette, d'Assise et de Rome. Il ne manquait pas de se rendre chaque année au pèlerinage que font les paroisses de la Ville d'Amiens à Notre-Dame de Brebières ; et c'est avec la joie la plus grande qu'il vit le projet grandiose de la reconstruction du sanctuaire d'Albert entrer dans la période d'exécution. Notre-Dame de Bon Secours reçut aussi le témoignage de sa vénération, et quelques mois seulement avant sa mort, Notre-Dame de Liesse eut sa dernière visite. Notre-Dame de Pellevoisin le compta parmi ses apôtres les plus convaincus ; il envoya à ses frais plusieurs malades au pèlerinage du Salut, à Notre-Dame de Lourdes ; et ce fut pour lui une très douce consolation d'apprendre qu'une des personnes dont il avait facilité le voyage avait obtenu auprès de la source miraculeuse une amélioration notable de sa santé.

Tout ce qui pouvait contribuer à honorer et à glorifier Marie avait pour lui un puissant attrait. L'église Saint-Germain d'Amiens ayant vu s'élever en 1876 un sanctuaire consacré au culte de la Vierge Immaculée de Lourdes, l'abbé Outrequin y faisait de fréquentes visites. Peu de jours se passaient, parait-il, sans qu'il y vînt, surtout pendant les années de son vicariat à Saint-Maurice. Le samedi était son jour préféré pour prier aux pieds de Marie, et souvent à demi caché derrière un pilier, il récitait une notable partie du saint Office.

Cet amour si tendre pour la Très-Sainte Vierge et ce zèle pour la glorifier n'ont rien qui doive surprendre, lorsqu'on se rappelle avec quelle ferveur il demandait de l'aimer chaque jour davantage.

Treize cent-quarante et une fois, en moins de dix années, il monta au saint autel, portant dans son cœur de prêtre et d'enfant de Marie, les intentions, les désirs et les prières de cette divine Mère. Quelles consolations et quels encouragements il puisa dans ces actes si parfaits de piété et de confiance en Marie! Plus le terme de sa vie approchait, plus il se sentait porté à offrir le saint sacrifice à des intentions si élevées et si pures.

N'était-ce point là la preuve d'un amour extraordinaire? Comment, après cela, nous étonner qu'un pieux sulpicien, directeur au séminaire d'Issy, ait pu dire en parlant de M. Outrequin : « Je n'ai jamais connu un jeune homme pour aimer Marie autant que lui. Il a été vraiment, comme saint Jean, *le Prêtre de la Sainte Vierge.* »

CHAPITRE VIII.

AUTRES FRUITS DE LA DÉVOTION ENVERS LA TRÈS SAINTE VIERGE : ZÈLE POUR SAUVER LES AMES ET LES CONDUIRE A LA PERFECTION.

Aimer Marie et se sanctifier en la servant était trop peu pour l'âme généreuse et ardente de l'abbé Outrequin; il s'était promis à lui-même et s'était imposé le devoir de consacrer ses forces et sa vie à promouvoir le plus possible le culte de Marie et à étendre dans les âmes son règne et son amour.

Plus sa timidité et son humilité le portaient à se défier de lui-même pour les œuvres et les fonctions du saint ministère, plus il avait l'inébranlable confiance de réussir et de faire le bien en recourant à Marie.

Toutes les occasions lui étaient bonnes pour parler de la Très Sainte Vierge : il ne faisait pas une instruction, pas un catéchisme, il n'écrivait presque pas de lettres, n'entendait guère de pénitents au confessionnal, sans dire au moins quelques mots de la confiance qu'il faut mettre en Elle.

Si la dévotion envers Marie fut tout le secret de sa vie intérieure, elle fut aussi le principal ressort de sa direction et le levier le plus puissant dont il se servit dans la conduite des âmes. Marie l'avait conduit comme par la main dans le chemin qui mène à la perfection et à Dieu ; confesseur et directeur, il n'eut jamais d'autre pensée que de conduire les âmes à Dieu par Marie.

Nous ne pouvons douter qu'il n'ait fait dans sa courte vie un très grand bien dans l'administration du Sacrement de Pénitence et par ses lettres spirituelles qui allaient continuer, perfectionner et achever ce qu'il avait commencé au saint tribunal.

Bien des âmes éprouvées ont reçu de lui de précieux et de salutaires encouragements ; et

M. le curé de Saint-Roch a pu rendre à son jeune vicaire ce témoignage : « C'est surtout au confessionnal que l'abbé Outrequin se révélait tout entier. Là il n'était plus le jeune prêtre qui ne marche que sous la conduite d'un supérieur ; il était l'homme instruit et habile dans *l'ars artium* et un véritable directeur. Avec la bonté du cœur, il avait les lumières de l'esprit ; et chez lui, la charité du père s'alliait à la science du juge et à l'habileté du médecin. Il avait le génie du confessionnal, si je puis ainsi parler ; et si Dieu l'eût laissé plus longtemps à Saint-Roch, il fût devenu un des confesseurs les plus appréciés d'Amiens. »

Sa propre expérience lui avait démontré l'importance de la direction spirituelle, surtout pour certaines âmes. En 1881, il écrivit sur ce sujet à ses confrères de Saint-Sulpice une lettre circulaire où se révèlent une sagesse et une maturité vraiment surprenantes dans un aussi jeune prêtre ; nous la citerons à peu près entièrement :

« Amiens, le 1er Novembre 1881.

« Fête de la Très Sainte Vierge et de tous les Saints.

« Bien Chers Confrères,

« Ma position à Saint-Maurice est toujours la même ; je ne crois pas devoir revenir sur ce sujet dont j'ai eu maintes fois l'occasion de vous entretenir. Je me bornerai aujourd'hui à vous communiquer quelques réflexions que je fais parfois sur notre ministère de directeurs des âmes ; ces réflexions me sont venues à l'esprit à la suite de nos derniers entretiens sur l'important sujet des vocations ecclésiastiques.

« Nous ne sommes pas seulement confesseurs, mais aussi directeurs ; or, s'il est des âmes qui ont besoin d'une direction spéciale, ce sont bien celles qui sont appelées à l'état ecclésiastique ou à l'état religieux. Je sais que la direction proprement dite est pratiquée dans les

les Grands Séminaires ; mais elle suppose une formation antérieure proportionnée à l'âge, aux dispositions, à la bonne volonté et à la piété des pénitents ; et pour moi je ne vois pas pourquoi cette direction serait l'œuvre exclusive des Grands Séminaires.

« Si des jeunes gens, avant leur entrée au Séminaire, ont été laissés à eux-mêmes dans leur jeunesse, ils devront se ressentir plus tard de ce manque de direction : leur vocation sera moins assurée, leur piété moins grande ; ils seront dans la suite moins habiles à former les âmes qui s'adresseront à eux. Les bons directeurs sont, en général, ceux qui ont été eux-mêmes bien dirigés.

« Nous avons sur les âmes deux grands moyens d'action qu'il importe de ne pas confondre : la confession pure et simple et la direction proprement dite que l'on peut pratiquer presqu'à l'insu des pénitents. Quand on lit la vie des Saints, on est frappé de trouver à côté des plus saintes âmes les directeurs les plus habiles : saint François de Sales, par exemple, à côté de sainte Chantal, saint Pierre d'Alcantara et saint Jean de la Croix pour sainte Thérèse, et on pourrait citer bien d'autres exemples.

« Si les jeunes gens appelés à l'état ecclésiastique ont manqué au Petit Séminaire de la direction et de la formation qui leur convenaient, l'œuvre de nos confrères des Grands Séminaires, tout en étant plus laborieuse obtient moins de résultats (1). Il y a, dans ces jeunes âmes que Dieu appelle, des vices naissants, des défauts dominants à réprimer ; il y a, à côté de cela, une bonne volonté qu'il faut développer et mettre à profit ; il y a pour chacune d'elles une dévotion particulière et providentielle qui affermira sa piété : c'est la dévotion au Sacré-Cœur de Jésus pour l'un, la dévotion à la Sainte Vierge pour un autre ; celui-ci est animé d'un grand amour pour le Très Saint Sacrement, celui-là est plus spécialement porté à la dévotion envers Saint Joseph. Ces dévotions cultivées et développées sont, aux directeurs, d'un grand secours

(1) Monseigneur de Ségur disait un jour : « C'est dans les Petits Séminaires que se forment les Prêtres les plus distingués par la science et la sainteté. »

pour encourager ces jeunes âmes appelées à la perfection et à la sainteté.

« Cette œuvre, sur laquelle je me permets d'attirer votre attention, bien chers confrères, est une œuvre de patience et de dévouement, mais aussi une œuvre consolante et encourageante par ses résultats. Il est bien désirable que les jeunes gens qui aspirent à entrer au séminaire et leurs confesseurs ne perdent pas de vue la nécessité d'une première formation, et il importe que ces jeunes gens aient à cœur de se faire antérieurement connaître à leurs directeurs, afin qu'ils les puissent bien conduire.

« Une direction précoce est comme l'éducation première, il est difficile de la remplacer. Pourquoi en effet en serait-il autrement pour la piété que pour la politesse et les convenances mondaines ? . . . .

« Plusieurs fois déjà, j'ai entendu des personnes pieuses me dire : « Pourquoi faut-il que nous ayons été dirigées si tard ? Si nous avions connu plus tôt la direction et son utilité, nous n'aurions pas fait tant de chutes et nous aurions mieux pratiqué la vertu. » N'est-il pas plus pénible encore d'entendre de la bouche d'un prêtre ou d'un séminariste cet aveu : « Que n'ai-je trouvé un directeur avant mon entrée au Grand Séminaire ! Pourquoi ai-je connu si tard les avantages d'une direction suivie ? Que n'ai-je trouvé quelqu'un qui pratiquât à mon égard ce que j'essaie de pratiquer à l'égard des autres !

« Je sais qu'il faut voir en toutes choses l'action de la Providence ; mais il n'en est pas moins vrai que le prêtre qui a trouvé dans sa jeunesse, en même temps qu'un bon confesseur, un vrai directeur, a trouvé un trésor inappréciable, et ne bénira jamais assez cette divine Providence de lui avoir accordé une si grande grâce. Il sera la consolation du prêtre qui aura la charge de son âme au Grand Séminaire, et il produira certainement beaucoup de fruits, lorsqu'il sera appelé à exercer le saint ministère.

« Agréez, chers et bien-aimés confrères, l'assurance de mes sentiments dévoués dans les Saints Cœurs de Jésus et de Marie.

E. OUTREQUIN,
Vicaire de Saint-Maurice.

Mais quelle direction donnait-il lui-même à ceux qui se plaçaient sous sa conduite ? Il savait être bon et compatissant pour les âmes affligées, condescendant pour les faibles ; mais, quant à celles qu'il voyait appelées à la perfection, il les portait à suivre l'appel de Dieu, il les soutenait et les encourageait avec une infatigable et étonnante énergie. Comme il savait les exhorter à la patience dans les épreuves, à l'esprit de sacrifice et à l'amour de la souffrance ! « Lorsque nous désirons obtenir une grâce, répétait-il souvent, nous n'avons qu'à demander au bon Dieu de souffrir ; après la souffrance, la grâce nous est aussitôt accordée. »

En 1884, il écrivait à une religieuse : « Vous avez dû le remarquer comme moi et plus encore que moi, parce que vous êtes plus âgée et que vous avez plus d'expérience : le bien que le bon Dieu nous accorde de faire est souvent en rapport avec nos souffrances. C'est pourquoi je trouve moyen de me réjouir quand je suis un peu éprouvé dans les œuvres de charité que j'entreprends pour la gloire de Dieu ; je pense alors que le résultat sera satisfaisant. Aussi plus je souffre, plus je me réjouis ; comme aussi je m'attriste pour certaines autres œuvres qui ne me coûtent aucun ennui, aucune inquiétude : je me défie du résultat. »

« Ne vous ai-je pas dit, écrivait-il dans une autre circonstance, que vous alliez peut-être un peu souffrir pour moi, j'ai tant souffert pour vous ! Est-ce que vous ne voulez pas contribuer à procurer la gloire de Marie et la faire aimer ? Et je vous l'ai dit bien des fois, plus on souffre, plus on fait de bien ; quand je vous faisais le plus de bien, c'est quand je souffrais davantage pour vous. »

Il souhaitait donc et demandait à Dieu de souffrir afin de sanctifier et de sauver des âmes. Dieu l'exauça et l'éprouva dans le secret de son cœur d'une manière terrible. Ce fut dans l'une des dernières années de sa trop courte vie, alors que la moisson de ses mérites et de ses œuvres mûrissait, peu de temps avant qu'il pût la recueillir pour la porter devant le tribunal de Dieu.

Une démarche qu'il fit un jour pour sauver une âme en péril fut mal comprise et mal interprêtée. L'abbé Outrequin en fut averti ; on ne saurait dire la profonde douleur que lui causa une révélation si inattendue. Sans penser à expliquer ni à justifier sa conduite (ce qui lui était bien facile), il fut atterré par la pensée du scandale qu'il craignit d'avoir donné ; il s'imagina que ce scandale allait prendre des proportions désolantes, et sa conscience si délicate et si timorée s'en exagérait les suites et les conséquences. Sa démarche s'étant trouvée facilement expliquée, le scandale devenait absolument imaginaire et chimérique ; malgré cela son directeur, auquel il confia aussitôt cette épreuve, la plus rude qui pût le frapper, ne parvenait point à le rassurer et ne pouvait réussir à calmer sa douleur, ni à faire cesser ses gémissements et ses larmes.

« Oh ! dit-il en ces jours-là à un ami, j'avais demandé à Dieu de souffrir pour cette âme ; car c'est une si grande chose de sauver une seule âme !.... Mais je ne sais si je pourrais recommencer encore à faire une telle prière !. .. »

Il porta longtemps cette profonde blessure et la souffrance qu'il en ressentait acheva d'épurer son zèle, et d'attirer sur ses œuvres les grâces les plus abondantes et les plus fécondes. Il eut alors la consolation d'obtenir des retours inespérés. Ce fut aussi vers cette époque qu'il travailla le plus activement à diriger des âmes que Dieu appelait à la vie religieuse.

Le puissant secours de Marie ne lui fit pas défaut pour cultiver et entretenir au milieu du monde ces vocations sublimes, à l'encontre desquelles surgissent presque toujours tant d'oppositions et de si nombreux obstacles.

Avec quel zèle et quelle fermeté, avec quelle maturité de jugement surtout il sut conduire ces âmes vers le but que Dieu leur avait montré. Après les avoir mises dans leur voie, il continua encore par sa correspondance et même par des visites à les prémunir contre les défaillances et les découragements, leur faisant discerner les pièges de l'ennemi du salut, leur indiquant les moyens de résister et de vaincre.

Il faudrait pouvoir citer entièrement les lettres de direction spirituelle, écrites par M. Outrequin : force nous est de n'en donner ici que quelques extraits.

« J'ai promis, écrivait-il à une postulante, de dire dimanche prochain la Messe aux intentions de la Très Sainte Vierge, en action de grâces de votre entrée en religion ; mais je n'ai pas voulu faire attendre si longtemps cette bonne Mère et j'en ai dit une hier à cette intention. Soyez heureuse et tranquillisez-vous ; vous êtes *certainement* dans votre vocation, c'est moi qui vous l'assure de nouveau. Tous les ennuis et les découragements qui vous viennent sont des tentations du démon : chassez tout cela. Vous souffrirez, je le sais, je vous l'ai prédit. Mais qu'est-ce que vous feriez si vous retourniez dans le monde ? Vous vous perdriez certainement... A présent, ma bien chère enfant, vous êtes sauvée, les premiers jours que j'appréhendais le plus pour vous sont passés. Pensez que les autres religieuses, plus âgées que vous, ont traversé les mêmes épreuves et ont eu le courage de les supporter.

« Ayez du caractère et de la fermeté, persévérez dans vos bonnes résolutions. Notre bonne Mère du Ciel veille sur vous. Il y a si longtemps qu'elle voulait que vous entriez là ; rappelez-vous que vous me disiez vous-même que la Très-

Sainte Vierge m'inspirerait où vous devriez entrer comme religieuse ; eh bien ! c'est là où vous êtes, c'est la volonté de Dieu . . . .

. . . .

« Demandez à Notre-Seigneur dans la sainte Communion qu'il ne vous envoie pas d'épreuves plus fortes que vous n'êtes capable de les supporter. Confiance en Marie ! Confiance en Marie ! Prenez patience ; toutes les minutes, toutes les secondes pendant lesquelles vous souffrez seront récompensées au Ciel, et peuvent obtenir des conversions sur la terre et vous faire aimer Marie davantage. Tout pour la gloire de Marie ! La Très Sainte Vierge compte sur vous ; il y a beaucoup d'âmes qui attendent leur salut de votre persévérance dans la vie religieuse. Comme il est beau de passer toute sa vie à prier pour ceux qui ne prient pas ou qui n'ont pas le temps de prier. Les religieuses sont comme les chaînes qui rattachent les âmes au bon Dieu, comme les anges qui attirent les grâces sur ceux qui en ont le plus besoin...»

Dans une autre circonstance, il écrit : « Plus nous avançons, plus je vois clairement l'action de la divine Providence, qui conduit tout pour l'affermissement de votre belle vocation. La Très Sainte Vierge Marie fait tout réussir à souhait : vous ne sauriez trop la remercier.....

« Mettez vous bien sur vos gardes, ma bien chère enfant ; le démon est plus rusé que vous ne le pensez ; nous connaissons ses ruses mieux que vous ; il a commencé par vouloir empêcher votre vocation de se développer ; ensuite il a voulu vous la faire perdre par toutes les embûches qu'il vous a tendues, par les occasions dangereuses qu'il a placées devant vous... puis il a voulu vous empêcher de partir par de nombreux obstacles, et maintenant il voudrait vous faire revenir. C'est à tout cela qu'on voit l'importance d'une vocation religieuse, puisque le démon suscite contre elle tant de difficultés. »

Avec quelle sollicitude ne suivait-il pas les âmes dont Dieu l'avait autrefois chargé, et de quel zèle ardent n'était-il pas animé pour leur sanctification et leur persévérance :

« Depuis plusieurs jours, je m'inquiétais à votre sujet, écrit-il encore, et j'en étais à me demander si votre santé pouvait s'accommoder du régime du couvent, et si vous y êtes toujours aussi heureuse. La Très Sainte-Vierge a eu pitié de moi et pour me tranquilliser m'a envoyé Mme N**. Jugez comme j'ai été heureux quand j'ai appris que votre santé se maintenait et quand j'ai su que votre bonheur allait toujours en augmentant. Remerciez-en de tout votre cœur (et bien souvent dans la journée) notre bonne Mère. Jouissez en paix, ma bien chère enfant, des douceurs de votre solitude ; jamais vous n'apprécierez, comme vous le devez, la grâce incomparable que vous avez obtenue par l'intercession de Marie. Heureuse enfant ! qu'avez vous fait à Notre-Seigneur et à sa Très-Sainte Mère pour qu'ils vous aiment tant ? Ils vous ont accordé et vous accordent encore des grâces de choix, que vous ne méritez pas et dont vous êtes si indigne ! Que vous seriez ingrate si vous ne les remerciiez pas, avec toute l'effusion de votre cœur, de vous avoir arrachée à un monde qui devient de plus en plus mauvais, et où, avec des peines infinies, on arrive difficilement à faire son salut éternel. Offrez de continuelles actions de grâces à Notre-Seigneur par les mains de sa Très Sainte Mère; offrez tout ce que feraient à votre place toutes les créatures animées et inanimées, visibles et invisibles. Demandez à la Très Sainte Vierge de vous prêter son cœur si aimant, ou plutôt fondez votre cœur dans le sien pour sentir tout ce que vous devez à Notre-Seigneur de reconnaissance pour toutes les grâces que vous avez reçues dans votre vie. Vous avez reçu tant de grâces, ma chère enfant, et vous êtes encore si misérable ! Il faut bien que Marie veuille se charger auprès de son Divin Fils de lui rendre ce que vous lui devez. »

Voici encore quelques lignes que ne désavoueraient pas les meilleurs maîtres de la vie spirituelle :

« Il ne faut pas considérer ce qu'on a fait ou ce que font les gens du monde, mais ce qui reste à faire. De même que celui qui monte sur un endroit élevé n'a rien à craindre tant qu'il regarde en haut, mais est exposé à être pris de vertige et à se perdre, s'il regarde en bas, de même les religieux ou les religieuses ne doivent pas s'arrêter à considérer ce que l'on fait au-dessous d'eux, ce que font les gens du monde, ce qu'eux-mêmes auraient fait s'ils étaient demeurés dans le monde. Il faut au contraire qu'ils considèrent ce que font ceux qui sont plus parfaits et ce qu'ont fait les Saints. Voilà comment la lecture de la Vie des Saints est chose si utile; c'est elle qui vous a sauvée quand vous êtiez dans le monde, et qui vous a fait le plus de bien avec la direction. »

Dans une autre lettre, nous trouvons des encouragements et des avis marqués au coin d'une parfaite sagesse :

« Pour la direction spirituelle qui ne sera plus la même, il faut l'accepter telle que vous la trouverez, parce qu'il est nécessaire qu'il en soit ainsi pour le bien de votre âme. Vous devez comprendre que toute direction doit être appropriée aux besoins des âmes et aux circonstances dans lesquelles elles se trouvent ; ainsi autre est la direction d'une âme que l'on prépare au milieu du monde à la vie religieuse, autre la direction d'une âme au milieu du cloître. Il était nécessaire, quand vous étiez au milieu du monde, que la direction eût assez d'attraits et de douceur pour vous détacher des attraits et des douceurs du monde et vous attacher à Notre-Seigneur et à votre sainte vocation. Une âme, au milieu du monde, est comme un fragile vase de verre qu'il faut entourer de soins et de précautions minutieuses pour ne pas le casser ou le laisser briser; une âme, dans le cloitre, doit être comme un morceau de fer rouge qu'on doit pouvoir frapper et ployer à volonté, sans crainte de le briser.

« Voyez, mon enfant, ce qui se passe dans la vie matérielle ; la nourriture d'un tout jeune enfant n'est pas et ne peut pas être la même que celle d'un enfant plus âgé ; celle de ce dernier ne peut pas être aussi solide que celle d'un homme, celle d'un malade n'est pas la même que celle d'un convalescent, celle d'un convalescent ne saurait être aussi substantielle que celle d'une personne en bonne santé ; celui qui se fatigue beaucoup et s'emploie à de forts et rudes travaux, ne peut pas se soutenir de la même manière que celui qui ne travaille pas; celui qui veut devenir robuste doit se traiter autrement, que celui qui n'a nul souci de sa santé.

Appliquez tout cela à la direction des âmes, et vous verrez que la direction que vous recevez actuellement est la meilleure, celle que le bon Dieu juge le plus utile pour vous dans la position où vous êtes. Vous dites sans doute en vous-même : ma direction n'est plus la même qu'autrefois, elle n'a plus pour moi le même attrait ; mais je vous réponds qu'il doit en être ainsi pour votre bien et votre perfection. Il ne faut pas servir le bon Dieu à cause des consolations qu'il nous donne, mais seulement pour son amour.

« Croyez-vous, ma chère enfant, que je n'aurais pas été moi-même obligé de changer la direction que je vous donnais, si, par impossible, j'étais resté votre directeur depuis que vous êtes dans le cloître ? Certainement oui ; sans quoi je ne vous eusse point été utile.

« Ma mission, par rapport à vous, était de vous disposer à être religieuse, et de vous faire arriver au couvent en vous aplanissant toutes les difficultés et en éloignant de vous, autant que je le pouvais, tous les dangers et tous les obstacles. Ma mission est remplie ; maintenant la direction que vous recevrez aura pour fin de former en vous une bonne religieuse. J'ai cru devoir insister un peu là-dessus pour dissiper quelques peines qui pourraient vous venir, et pour m'opposer aux tentations du démon. »

Cette correspondance spirituelle de M. Outrequin est beaucoup plus étendue qu'on ne pourrait le croire. Outre les lettres nombreuses et toutes fort longues dont nous avons pu avoir copie, il en est beaucoup d'autres qui n'ont pas été conservées. Pour faire du bien à une seule âme, il se fût volontiers donné autant de peines que pour convertir toute une paroisse ; et une bonne religieuse qui le connaissait bien, disait de lui : « Pour faire éviter un péché, ne fût-il que véniel, il n'aurait pas reculé devant les plus grandes fatigues. »

Que de démarches et de voyages il fit ; que de sacrifices de temps et d'argent il s'imposa pour secourir et sauver des âmes qui paraissaient vouloir s'obstiner à se perdre ! Et ces œuvres si méritoires et si pieuses, avec quel soin jaloux il les dissimulait et les tenait cachées à tous !

« La profonde humilité et la prudente discrétion de ce bon prêtre, écrit la supérieure d'une maison de refuge, le portaient à laisser ignorer le bien qu'il faisait. Il voulait que Dieu fût seul témoin des actes de charité et de dévouement dont sa vie était remplie. Il semblait avoir une prédilection pour nos œuvres et vouloir en être le protecteur et l'ami. La pauvreté de notre maison avait été un titre à son affection. Les âmes égarées trouvaient en lui le pasteur le plus vigilant et le plus zélé. Il leur témoignait un intérêt d'autant plus grand qu'elles étaient plus malades.

« Rien ne le décourageait, il espérait toujours malgré les difficultés qu'il rencontrait. A l'exemple du divin Sauveur, il les poursuivait jusqu'à ce qu'il les eût fait rentrer au bercail ; et là il les encourageait, les aidait de ses conseils, et les maintenait dans la pratique du bien, comme ses lettres le montrent... »

Pour comprendre du reste avec quelle sollicitude il suivait les progrès des âmes dans le bien et quelles tristesses il ressentait de leurs défaillances, nous citerons la lettre suivante à une religieuse :

« La conduite de ces deux enfants ne rappelle-t-elle pas un peu l'histoire d'Ésaü et de Jacob? L'aînée, comme Ésaü, ne semblait-elle pas, par sa conduite passée, devoir mériter toutes les bénédictions et les grâces du Ciel? Tandis qu'en fait, la plus jeune a été comblée des bénédictions qui paraissaient réservées à la première. Dieu semble montrer par là qu'il ne fait aucune acception de personnes, qu'il prend l'un et rejette l'autre, quand il lui plaît, qu'il donne aux humbles et aux petits des grâces extraordinaires, tandis qu'il abandonne les orgueilleux à leurs propres forces, et les laisse sur le bord de l'abîme où ils tomberont bientôt.

« Une des choses qui me paraissent avoir été le plus nuisible à cette enfant infidèle, c'est l'estime qu'on faisait d'elle.... Cet exemple nous apprendra à ne jamais complimenter nos subordonnés plus qu'il n'est absolument nécessaire pour les soutenir et les encourager, et à leur faire toucher du doigt en même temps leur excessive faiblesse. »

Lorsqu'il voulait encourager une âme à embrasser la vie religieuse et à persévérer généreusement dans les sacrifices qu'elle exige, sa plume semblait ne pouvoir s'arrêter, son cœur débordait d'enthousiasme et il trouvait des accents d'une touchante éloquence. C'est ainsi qu'il écrivait : « On enfoncerait plutôt un couteau dans un diamant qu'on ne ferait comprendre au monde les avantages et les consolations de la vie religieuse pour ceux qui y sont vraiment appelés . . . .

. . . .

« Que vous êtes heureuse dans votre chère solitude ! Chaque jour que vous avez le bonheur d'y passer vous purifie de vos fautes ; car le couvent, malgré ses joies, n'en est pas moins, par la Miséricorde de Dieu, une sorte de Purgatoire. Chaque jour vous unit davantage à Notre-Seigneur et à Marie ; chaque jour enfin vous rapproche du Ciel où vous serez pour jamais unie à votre Époux céleste. Dans le monde, au contraire, un très grand nombre d'âmes voient sans cesse s'augmenter le nombre de leurs fautes ; chaque jour prépare la chute de plusieurs de celles qui ne sont pas encore tombées dans le péché mortel ; chaque jour fortifie les mauvaises habitudes de beaucoup d'autres ; chaque jour affaiblit en elles les pensées de la foi, augmente les remords ou aggrave un endurcissement pire que les remords les plus cuisants ; chaque jour les conduit à des regrets éternels et inutiles. »

Dans une autre lettre, il disait :

« Oh ! la belle vocation que la vôtre ! Tandis que dans le monde les personnes chrétiennes ne donnent au bon Dieu que *quelques* instants de leur vie, *une toute petite partie* de leurs biens, *un peu seulement* de leur santé et de leurs forces, vous, vous lui donnez TOUT ce que vous possédez, tout à *chaque instant* du *jour* et de la *nuit*, en sorte que vous pouvez dire à Notre-Seigneur : Mon Dieu, je vous donne tout ce que j'ai et tout ce que je suis ; je ne puis vous en donner davantage. Les personnes du monde sont un peu comme les riches qui donnent de temps en temps comme aumône un sou à un pauvre ; tandis que les religieuses, donnant à Dieu tout ce qu'elles possèdent, sont comme les riches qui, non-seulement donnent quelques pièces de monnaie, mais emploient *tout* leur argent et *tous* leurs biens en aumônes. Combien seront différentes les récompenses des unes et celles des autres! Car Dieu ne récompense que ce qu'on lui donne.

« Qu'avez-vous à faire maintenant pour vivre en parfaite religieuse? Vous séparer du monde par *l'esprit* comme vous l'êtes par le corps. Ne laissez pas votre esprit divaguer dans le monde ; le monde n'est plus pour vous ; il faut que vous l'oubliiez le plus que vous pourrez, ce n'est qu'à cette condition que vous jouirez des douceurs de votre solitude, et que Notre-Seigneur et sa Très Sainte Mère se communiqueront à vous... »

Il avait aussi pour relever le courage des âmes qui se sentaient faiblir sous le poids de leurs peines et de leurs épreuves des paroles pleines de force et de charité :

« Aux communications que vous avez bien voulu me faire, je réponds d'abord que vous avez bien fait de vous en ouvrir ainsi. Une peine concentrée fait beaucoup plus souffrir que celle qu'on donne à connaître à une personne amie; on a souvent remarqué, dans la direction des âmes, qu'il suffit quelquefois de découvrir ses peines pour en éprouver un véritable soulagement.

« N'oublions pas que nous sommes religieux, c'est-à-dire consacrés à Dieu d'une manière toute particulière, et que, comme tels, nous sommes susceptibles d'être plus éprouvés; autant notre vocation nous élève au-dessus des simples fidèles, autant nos peines peuvent être plus grandes.

« A chaque jour pourtant suffit sa peine; nous avons souvent le tort d'augmenter nous-mêmes nos épreuves en ajoutant à celles que nous souffrons celles que nous croyons prévoir dans l'avenir. Vos souffrances sont grandes, bien grandes, je ne le dissimule pas. Notre Seigneur ne voudrait-il pas vous détacher de plus en plus des créatures pour vous attacher davantage à Lui, dans la Sainte Eucharistie? Nous avons près de nous et nous recevons souvent en notre cœur le divin Sauveur, le Consolateur de notre âme, et nous ne pensons pas à lui!!!... Allez donc, dans vos heures d'épreuves, au pied du Très Saint

Sacrement et vous y trouverez la consolation dont vous avez besoin. »

Si, dans sa direction, M. l'abbé Outrequin s'attachait à inculquer et à développer les dévotions particulières, s'il allait même jusqu'à leur assigner une place importante dans la vie et la piété chrétiennes, il ne faudrait pas croire pourtant qu'il se soit mis peu en garde contre les inconvénients et les dangers de la fausse dévotion. Ces inconvénients et ces dangers il les connaissait bien, et ce n'est pas sur des sentiments ou sur des impressions qu'il voulait voir s'établir la ferveur et la piété de ses pénitents.

« Les commencements, écrivait-il, sont souvent pleins de charmes, de douceurs sensibles et de consolations ; on jouit de ces suavités quand Dieu veut en faire part; mais ce n'est point là-dessus qu'il faut établir sa piété et sa dévotion ; tout cela n'a qu'un temps ; les joies et les consolations durables ne sont accordées qu'au ciel. Il faut vous appuyer surtout sur les *grandes vérités* de la Religion, sur la pensée de la mort, du Jugement, du Purgatoire, du Ciel et de l'Enfer.

« La Sainte Écriture ne dit pas : Ayez des richesses, ayez de l'instruction, ayez des consolations dans la piété; mais elle dit : « Dans toutes vos actions, souvenez-vous de vos fins dernières et vous ne pécherez point. »

« Toute dévotion qui n'est point appuyée sur ce solide fondement est bâtie sur le sable; le moindre choc, le moindre vent la renversera.

« C'est ce qui vous explique les chutes épouvantables de personnes pieuses au milieu du monde. On s'appuie trop sur les consolations sensibles, sur l'exemple des personnes qui vous entourent, que sais-je enfin? Et quand ces secours viennent à manquer, on fait comme tout le monde, on se damne, on tombe en enfer en masse : « Comme les flocons de neige, dit sainte Thérèse, tombent sur la terre au plus fort de l'hiver. »

« Celui au contraire qui s'appuie sur les grandes vérités se soutient toujours avec la grâce de Dieu : il pense sans cesse que sa vie n'est qu'une préparation à la mort, et qu'il doit chercher à se rendre le jugement moins terrible. S'il souffre, il considère que ses souffrances sont plus douces que les peines du Purgatoire et il voit qu'elles abrègeront les châtiments qu'il a mérité d'y subir. La pensée de l'enfer l'éloigne du mal et lui en inspire une vive horreur ; le désir du Ciel le porte aux plus beaux dévouements et à la pratique des plus sublimes vertus. »

C'est ainsi que l'abbé Outrequin comprenait la vie religieuse et qu'il savait, en les encourageant dans leur sublime vocation, diriger les âmes vers cette voie si sûre de la perfection.

Préparer à l'Église des prêtres capables de porter le poids du sacerdoce n'était point le moindre de ses désirs ; et lorsque l'occasion s'en offrit à lui, il seconda de toutes ses forces les desseins de Dieu sur les jeunes gens qu'il croyait appelés à l'état ecclésiastique.

Bien peu de temps avant sa mort, il put offrir à l'école apostolique de Notre-Dame du Sacré-Cœur à Issoudun un enfant dont il avait certainement contribué à développer la vocation.

Le jour de sa première Communion, Gaston C*** avait demandé à Dieu la grâce d'être prêtre, et bientôt même il sentait un véritable attrait pour la vie du missionnaire au milieu des sauvages; mais tous les moyens humains lui manquaient pour suivre cette vocation : il était le second de huit enfants; sa sœur aînée, une jeune fille de dix-huit ans, était infirme. Or voici qu'une double épreuve vient frapper cette nombreuse famille et paraît devoir rendre plus irréalisables encore les pieux désirs du petit Gaston : le père est atteint de cécité; la mère, en proie à un mal qui ne pardonne pas, se trouve impuissante à donner à sa jeune famille le pain dont elle a besoin. Un comité de secours s'organise; quatre petites filles sont placées dans un orphelinat d'Amiens; M. le Curé de Saint-Roch se charge de l'un des garçons, et l'abbé Outrequin écrit au père de Gaston une lettre pleine de délicatesse et de charité pour lui offrir de prendre à sa charge tous les frais de l'éducation de cet enfant.

Il prévoit que, pendant les vacances, Gaston ne pourra plus retrouver de famille, puis il connaît son désir d'être missionnaire; aussi croit-il devoir solliciter son admission dans une école apostolique.

Il s'adresse au Révérend Père Supérieur de la petite œuvre de Notre-Dame du Sacré-Cœur. La réponse qui lui est faite semble dire que l'admission de son jeune protégé sera immédiate ; il part donc avec l'enfant. Mais quel n'est pas son désappointement lorsqu'arrivé à Issoudun, il apprend que les règlements de l'œuvre s'opposent à l'entrée d'un enfant à l'école apostolique avant une année d'épreuves et d'enquêtes successives ; or Gaston ne remplit nullement cette condition. Il faut de plus des certificats attestant la bonne conduite et l'application au travail du candidat, et l'enfant ne peut présenter qu'un certificat signé d'un maître d'école laïque. Que faire ? Faudra-t-il reprendre le chemin d'Amiens, et après un aussi long voyage se retrouver dans une situation pleine d'inextricables difficultés ? L'enfant avait le cœur bien gros et M. Outrequin était profondément découragé.

En désespoir de cause, il a recours à la Très Sainte Vierge. Pendant deux heures entières, il demeure au pied de son autel et récite plusieurs fois le Rosaire. Cependant, à sa demande, le conseil des directeurs de l'école s'est réuni, et ce qui était impossible, ce qui ne s'était jamais fait, Marie l'accorde à de si ferventes prières : Gaston est admis. La chose paraissait si extraordinaire aux Pères eux-mêmes qu'ils s'expliquaient à peine l'avis favorable qu'ils avaient accordé à la demande de M. Outrequin.

Avait-il ce jour-là, dans une suprême immolation de lui-même, renouvelé entre les mains de sa divine Mère le sacrifice de sa vie ? Nous ne saurions le dire ; mais il était capable de cet acte héroïque pour obtenir le salut d'une âme et la vocation d'un missionnaire ; or le pieux et zélé serviteur de Marie quittait Issoudun le 1er Mai 1885, et le 18 du même mois il avait cessé de vivre.

L'amour de la Très Sainte Vierge fut donc toujours le grand aiguillon de son zèle, et celui dont il se servit le plus pour stimuler la ferveur et la générosité de ses pénitents ou de ceux qui demandaient sa direction.

« Prenez patience, écrivait-il à une âme éprouvée, toutes les minutes, toutes les secondes que vous passez à souffrir seront récompensées au Ciel ; sur la terre, elles peuvent obtenir la conversion de quelques pécheurs et vous faire aimer davantage Marie. Tout pour la gloire de Marie ! »

Et ailleurs il disait encore : « ... Que ferez-vous pour témoigner votre reconnaissance ? Vous travaillerez, autant que vous le pourrez et de la manière que je vous ai indiquée, à procurer la gloire de Marie, à développer sa dévotion dans les cœurs qui la connaissent déjà, et à la faire aimer par ceux qui ne la connaissent pas.....

« Aimez-la beaucoup cette bonne Mère ; c'est à cette dévotion que j'ai tout rapporté dans la direction que je vous ai donnée ; c'est vers ce but que j'ai concentré tous mes efforts ; en vous inspirant, autant que je l'ai pu, cette dévotion qui m'est si chère, je vous ai donné tout ce que j'avais de plus précieux, tout ce qui me tient le plus au cœur. J'ai voulu former en vous une véritable enfant de Marie, qui ressemble à sa Mère par les sentiments et en qui elle puisse mettre ses complaisances, disant : J'ai une enfant qui m'est bien chère, dont tout le bonheur est de m'aimer, et qui est prête à se dévouer pour moi. Développez-le donc cet amour, développez-le toujours, et vous savez jusqu'à quel point; puisse-t-il aller si loin, comme je vous l'ai dit, qu'il soit plus grand que votre cœur lui-même et qu'il vous emporte au Ciel. »

Dans une autre circonstance, le pieux serviteur de la Très Sainte Vierge ne peut arrêter les élans de son cœur en parlant du saint Nom de Marie : « Notre bonne Mère du ciel, écrit-il, va bientôt ajouter une dernière faveur à toutes celles qu'elle vous a obtenues jusqu'ici, celle de porter son très saint et très doux Nom, le plus plus beau après celui de Jésus, un nom dont on peut se glorifier à juste titre comme les grands se glorifient de leurs titres de noblesse. Quoi, ma bien chère enfant, une misérable comme vous, vous porterez le beau nom de notre Mère chérie! Préparez-vous bien à cette grâce, il faudrait être sainte, ce semble, pour porter un pareil nom ; mais prenez courage, c'est un nom de confiance et d'amour et qui est bien terrible au démon... Efforcez-vous de répéter souvent ce Nom avec amour et dites avec toute l'affection dont votre cœur est capable : *O Marie, Marie, Marie!* comme les petits enfants qui se plaisent à répéter le nom de leur mère. Ah! s'il m'était possible à moi de changer de nom, je vous envierais votre beau nom de Marie.

« Vous offrirez à la Reine du ciel, comme venant de vous, toute la dévotion de tous ceux qui ont porté et qui porteront son saint Nom jusqu'à la fin du monde. Confiance, ma chère enfant, ce nom sera pour vous comme un rempart inexpugnable contre les attaques du démon et de l'enfer. Demandez à notre bonne Mère que vos infidélités à la grâce de Dieu ne vous privent pas d'une seule des faveurs qui sont attachées à la vertu de ce Nom béni. »

Dans une autre lettre il écrivait : « Quand parviendrez-vous à éprouver pour la Très Sainte Vierge un peu de cet amour que saint François éprouvait pour notre Divin Sauveur Jésus? On le trouva un jour se lamentant, et à ceux qui le questionnaient, il répondit : « Que voulez-vous que j'aie? Je pleure les douleurs de mon Seigneur, et ma peine augmente quand je vois les hommes ingrats ne pas l'aimer et le laisser dans l'oubli. » Vous direz, vous : Je pleure les douleurs de ma Mère chérie et ma peine augmente quand je vois les hommes ingrats ne pas l'aimer et la laisser dans l'oubli.

« Saint Augustin assurait qu'une seule larme répandue au souvenir de la Passion de Notre-Seigneur vaut plus qu'un pèlerinage à Jérusalem et une année de jeûne au pain et à l'eau. Que vaut une larme répandue au souvenir des douleurs de Marie ? Que vaut une vie consacrée à consoler cette Mère affligée en sauvant des âmes, ou en contribuant à empêcher leur ruine déjà commencée ? Dieu seul le sait. Vous avez choisi la meilleure part en choisissant de travailler pour la gloire de Marie. Marie, c'est plus que l'univers entier, c'est la plénitude de toutes les grâces, l'image la plus parfaite des vertus du Sauveur ; Marie sera pour nous comme un un second ciel dans le Ciel. . . . . . .

. . . .

« Marie est le chef-d'œuvre de la création, la merveille qui surpasse tout ce que le Tout-Puissant est capable de faire encore. Saint Thomas d'Aquin (je crois que cette pensée est de lui) a dit que Dieu pourrait, s'il le voulait, créer un monde plus parfait que celui qui existe, mais qu'il lui est *impossible* de produire une créature plus parfaite que Marie; qu'il a épuisé en elle sa bonté, sa puissance et toutes ses perfections : on ne peut rien davantage; et il n'y a plus qu'à se confondre en admiration, en étonnement et à s'estimer bien heureux d'être le serviteur ou la servante d'une telle créature et de lui consacrer sa vie tout entière. . . . .

. . . .

« Pour vous, mon enfant, vous êtes à l'œuvre afin de bâtir au Seigneur un superbe édifice spirituel, que vous allez mettre sous le vocable de Marie, en un jour qui lui est consacré. La Reine du Ciel attend avec impatience le don que vous lui préparez; la suite de votre vie montrera la solidité et la splendeur de l'édifice en construction; nous verrons si le présent est digne de Marie; n'oubliez pas que votre Patronne est « toute belle et qu'il n'y a point de tache en elle. »

« De même que les édifices matériels consacrés à la Très Sainte Vierge sont destinés à procurer sa gloire, vous aurez, vous aussi, la même fin . . . .

« Vous compatirez aux grandes souffrances qu'Elle ressent de la perte des âmes, comme vous avez commencé à le faire. La ruine des âmes qui se perdent par l'orgueil, par l'amour des biens matériels et surtout par l'impureté, vous percera le cœur ; vous souffrirez à la seule pensée de celles qui passent du service de Dieu, où l'on trouve tant de consolations, au service du démon qui les tyrannise. . . . . »

N'est-ce pas trop de citations ? Non, nous ne le croyons pas ; et nous voudrions en faire de plus nombreuses encore ; nous nous arrêterons pourtant, en regrettant de laisser de côté des pensées admirables et des pages bien touchantes.

Toutefois nous transcrirons encore quelques lignes d'une lettre datée du 19 Février 1885. On verra comment, dans les derniers temps de sa vie, cet amour du serviteur de Marie envers sa Souveraine et sa Mère, bien loin de se refroidir, avait pris un extraordinaire accroissement :

« . . . . Où trouve-t-on encore des consolations ? N'est-ce pas auprès de sa mère ? En embrassant la vie religieuse, vous avez quitté une mère qui vous était bien chère, vous avez droit de compter, comme compensation, sur les consolations et les encouragements de notre bonne Mère du Ciel.

« Oh! que je l'aime Marie! Comme je vous l'ai déjà dit, j'ai perdu ma mère étant bien jeune encore; mais cette bonne mère, avant de quitter la terre, a recommandé ses enfants à la Reine du Ciel, et toujours nous avons ressenti les bontés de Celle à qui nous avons été confiés.

« Oui, je l'aime et cet amour est dans mon cœur comme un feu, je voudrais en embraser tous les hommes.

« Avec cette lettre je vous envoie un livre : *Le Pouvoir de Marie*. C'est mon livre de prédilection; lisez-le, relisez-le, méditez-le, et encore une fois aimez Marie, appliquez-vous à imiter ses vertus; faites-la aimer de vos enfants; que toutes aient pour Elle une tendre et solide dévotion ; plusieurs devront leur salut à cette bonne Mère. Ne craignez pas de donner les médailles que je vous ai remises dernièrement, les petites brochures, les statuettes de Marie; tout cela contribuera à la faire honorer.

« Vous trouverez que je reviens toujours sur

le même sujet; mais, laissez-moi vous le dire, l'amour de Marie est pour moi comme une passion. Je veux propager son culte, je veux la faire aimer. La France ne sera sauvée que par cette puissante Protectrice !... »

Quand Dieu voit une âme privilégiée parvenue au degré de sainteté et de perfection où il la voulait, c'est alors qu'il l'appelle à lui.

De même qu'il y a de sa part une juste et légitime vengeance à frapper les pécheurs endurcis au milieu de leurs crimes et de leurs iniquités, de même c'est un acte de sa miséridorde et de son amour que d'enlever de ce monde ses plus fidèles serviteurs au jour où il voit leurs vertus dans un complet épanouissement, et leurs œuvres pleines et mûres pour l'éternité.

Lorsque M. Outrequin eut atteint l'âge de trente-cinq ans, son amour pour la Très Sainte Vierge était parvenu au souverain degré de perfection qu'il pouvait atteindre sur la terre, et cet amour, qu'il ambitionnait de voir s'augmenter chaque jour de sa vie, désormais ne pouvait plus s'accroître qu'au Ciel.

CHAPITRE IX.

LE DERNIER JOUR.

Le Dimanche 17 Mai 1885, M. l'abbé Outrequin, après une première Messe dite en l'église Saint-Roch, en célébrait une seconde qu'il offrait encore aux intentions de la Très Sainte Vierge ; et comme il n'attendait jamais au lendemain pour enregistrer cet acte de piété envers Marie, il écrivait ce jour-là même sur son registre :

« 17 Mai, 2e Messe. — Pour obtenir une augmentation de dévotion envers Marie. »

Par déférence envers M. l'abbé Dieu, qui lui témoigna toujours autant de confiance et d'estime que de vive affection, il avait tenu à paraître au moins quelques instants à la réunion qui avait lieu au presbytère de Saint-Honoré, à l'occasion de la fête patronale. Avant la fin du dîner, M. Outrequin retournait à Saint-Roch pour faire le catéchisme aux enfants de la première Communion. Il chanta les vêpres et le salut sans se plaindre d'aucune indisposition.

Le soir, avant de prendre son repos, il prononça encore plusieurs de ces paroles qui révélaient si bien la ferveur et les pensées toutes surnaturelles de son âme :

« Les souffrances, dit-il ce soir-là, sont le gage de la grâce divine; plus elles sont grandes, plus Dieu multiplie ses faveurs. — Il faut être saint ici-bas, car nous n'avons pas deux vies, mais une seule; si nous l'employons bien, c'est le Ciel qui nous attend pour toujours! Quel bonheur! Mais si nous abusons des dons de Dieu, l'enfer sera notre partage pour l'éternité! — N'abusons jamais de la grâce de Dieu; pour moi il me semble que si j'abusais de la plus petite grâce, j'aurais un pied en enfer... »

Peu de temps auparavant, il avait répété à plusieurs reprises qu'il désirerait bien mourir comme les Saints, recouvert d'un sac et étendu sur la cendre.

Le lundi 18 Mai, l'heure à laquelle il se rendait habituellement à l'église étant déjà passée, on s'étonne de ne pas le voir descendre ; on pénètre dans sa chambre..... il paraît plongé dans un profond assoupissement. On l'appelle, mais c'est en vain ;...... au milieu d'un paisible sommeil, il s'était endormi du sommeil de la mort.

Quelle maladie l'avait ainsi subitement frappé? quelle cause avait amené cette mort foudroyante ? On ne put le déterminer d'une manière certaine.

Il était prêt, et le sacrifice de sa vie était fait: il vivait depuis longtemps dans une préparation habituelle à la mort: il nous semble donc que Marie a voulu lui épargner les craintes, les luttes, les terreurs qui viennent assaillir les plus saintes âmes pendant leur agonie. Peu de temps auparavant en parlant de l'amour de Marie, il disait :

« Développez-le cet amour, développez-le toujours et vous savez jusqu'à quel point ; *puisse-t-il aller si loin*, comme je vous l'ai dit, qu'*il soit plus grand que votre cœur lui-même et qu'il vous emporte au ciel!* » Avant de faire pour d'autres ce souhait, ne l'avait-il point fait pour lui-même? Ne l'exprimait-il pas bien souvent à sa bonne Mère? Une fois encore Marie a voulu l'exaucer, et sa mort ne fut peut-être que la réalisation de ce vœu sublime.

La nouvelle de cette mort se répandit bientôt dans la paroisse du Petit Saint-Jean et de Saint-Roch, dans celle de Saint-Maurice et dans toute la ville d'Amiens. Elle produisit partout une vive et douloureuse émotion.

Les confrères de M. Outrequin l'aimaient et le regardaient comme un véritable modèle de piété, d'humilité et d'abnégation. Peu, bien peu pourtant, parmi les prêtres ou les fidèles, avaient deviné tous les trésors de grâces que Dieu et Marie avaient déposés dans son âme. Il semble que sa mort était nécessaire pour le faire mieux connaître et pour l'arracher à son humilité.

Avec quelle émotion on ouvrit et on lut alors son testament, « *Ses plus chers souvenirs*, » son registre de Messes. Sa famille, son curé, M. l'abbé Dieu, au milieu de leurs regrets et de leur désolation, se sentaient consolés et remplis des plus douces espérances.

Les funérailles eurent lieu le mercredi 20 Mai.

à Amiens, et le lendemain, à Villers-Bretonneux. Suivant l'expression de la *Semaine Religieuse* du diocèse d'Amiens, elles ressemblèrent à un triomphe.

« On était venu sans doute, lisons-nous dans le *Dimanche* (1), pour s'associer au deuil d'une famille justement estimée et cruellement frappée, d'un curé, privé tout à coup de l'aide précieux, sur qui reposaient ses plus chères espérances ; mais surtout, il semble, pour rendre hommage à la sainteté de ce jeune prêtre, humble et modeste, qui avait passé, on l'eût cru, inconnu de tous et dont la mort subite faisait éclater les vertus. »

L'église avait été magnifiquement décorée de tentures noires et blanches. Les petits enfants que M. Outrequin catéchisait encore la veille de sa mort, étaient là et pleuraient; ils portaient une couronne mortuaire, témoignage de leur reconnaissance envers le prêtre si bon et si pieux dont ils avaient été si aimés. Les habitants de Saint-Roch et de Saint-Maurice étaient là en

(1) N° du 31 Mai 1885.

grand nombre ; il y avait, dans toute cette assemblée, bien des larmes et bien des regrets; mais « le parfum qui s'exhalait d'une telle vie embaumait tous les cœurs et communiquait aux âmes je ne sais quelles consolations célestes. Dans le cortège on ne pouvait s'empêcher de se faire part l'un à l'autre des impressions ressenties, et de raconter quelques-uns des traits édidifiants de la vie du saint jeune homme (1). »

Presque tout le clergé de la ville, ayant à sa tête M. l'abbé Le Roy, vicaire-général, plusieurs membres des communautés religieuses étaient venus s'associer à ce triomphe. Renouvelant un antique usage, Messieurs les vicaires d'Amiens remplirent toutes les fonctions du service funèbre.

M. l'abbé Boucher, vicaire de Notre-Dame, après avoir procédé à la levée du corps et présidé le convoi, célébra la Messe solennelle; M. Le Roy, vicaire-général, donna l'absoute.

Le lendemain, les restes mortels de M. l'abbé

(1) M. l'abbé Postel. — *Semaine Religieuse.* — N° du 31 Mai 1885.

Outrequin étaient transportés à Villers-Bretonneux, sa paroisse natale, où ils furent reçus solennellement vers dix heures du matin. Plusieurs prêtres d'Amiens, quelques-uns des anciens maîtres du regretté défunt s'y étaient rendus. Ces vénérables prêtres, témoins de toute la vie du jeune vicaire de Saint-Roch, étaient venus déposer sur sa tombe le témoignage d'admiration que leur avaient inspiré ses vertus sacerdotales et son admirable piété.

Après avoir offert le saint sacrifice, le curé de Villers, M. l'abbé Delplanque, qui avait vu M. Outrequin grandir et se perfectionner chaque jour dans les voies de la sainteté, et qui bien souvent lui avait donné ses paternels encouragements, fit, dans une touchante et chaleureuse improvisation, l'éloge funèbre du regretté défunt.

Nous transcrirons ici le testament de M. Outrequin; cet écrit ne respire en effet les sentiments de la foi la plus vive, et doit rester comme un suprême témoignage de son culte pour Marie et de son invincible désir de la faire honorer et aimer?

« Ceci est mon testament :

« Au nom de la Très Sainte Trinité, Père, Fils et Saint-Esprit :

« Je soussigné. Ernest Outrequin, enfant de la Bienheureuse Vierge Marie, prêtre de la Sainte Eglise de Dieu et vicaire de la paroisse du Petit Saint-Jean d'Amiens, incertain de l'heure de ma mort et voulant disposer selon les lois des biens que la Divine Providence a laissés à mon usage pendant la vie, déclare que le présent écrit est mon testament, que je veux être fidèlement et ponctuellement exécuté après ma mort.

« Lorsqu'il plaira à Dieu de me retirer de ce monde, je le prie, par les mérites de son Divin Fils, Notre-Seigneur Jésus-Christ, par l'intercession de la Très Sainte Vierge Marie, ma bonne Mère du Ciel, pour laquelle j'ai eu, pendant ma vie, une dévotion et une affection qu'on ne comprendra jamais, par l'intercession de mon Ange gardien, des autres anges et des saints, d'oublier mes péchés et de recevoir mon âme dans le sein de sa miséricorde, car je meurs dans la Religion Catholique, Apostolique et Romaine dans laquelle je suis né.

« Je veux être enterré dans le cimetière de Villers-Bretonneux, dans un terrain spécial, différent de la tombe et du caveau de notre famille, parce que je veux avoir sur ma tombe un monument commémoratif au choix de mes héritiers; mais un monument bien solide et apparent, surmonté d'une belle statue de la Très Sainte Vierge Marie avec cette inscription bien visible :

« Ernest Outrequin....... né le 15 Février 1850. Décédé à........ le....... 18.... âgé de.....

« *Enfant chéri et privilégié de la Très Sainte Vierge Marie qu'il appelait sa Bonne Mère, et qu'il a aimée de tout son cœur pendant sa vie.*

« *Il a voulu reposer aux pieds de Marie pour inspirer à tous ceux qui passeront auprès de sa tombe une plus grande dévotion envers la Très Sainte Vierge.*

« On chantera après mon service, à la fin du *Libera me, Domine*, le *Salve Regina*, avec verset et oraison correspondants, avant de me conduire au cimetière.

« Telles sont mes volontés expresses, car je

veux, même après ma mort, prêcher encore et inspirer le plus possible l'amour de l'incomparable Vierge Marie.

« Je veux être enterré revêtu de tous mes scapulaires : 1° du Mont-Carmel, 2° de l'Immaculée-Conception, 3° de la Passion de Notre-Seigneur, 4° du Sacré-Cœur de l'apparition de Pellevoisin et porter à mon cou la médaille dite médaille miraculeuse de 1830. Je veux également avoir entre les mains dans mon cercueil mon chapelet, une petite croix et une petite statue de la Très Sainte Vierge. Quoique ma tombe soit différente de la tombe de famille, pour les raisons énoncées ci-dessus, et que je sois enterré dans un autre terrain, probablement dans la partie du cimetière appelée le nouveau cimetière, rien n'empêche de mettre également sur le monument de famille une petite inscription commémorative de ma mort. Mes héritiers prélèveront sur mon héritage la somme nécessaire pour les frais et l'exécution des choses ci-dessus énoncées.

« Comme Prêtre, j'ai consacré toute ma vie à Dieu, il est bien juste que je lui consacre après ma mort *au moins une partie* de mes biens, car je voudrais me trouver dans la condition de ceux qui n'ont pas de proches parents pour pouvoir tout donner à Dieu et aux bonnes œuvres.

« Voici en conséquence mes dernières volontés :

« J'institue pour mes légataires universels et exécuteurs testamentaires en même temps :

« Monsieur Edmond Outrequin, marchand de laines à Villers-Bretonneux, mon frère aîné, et Monsieur Émile Outrequin, également marchand de laines à Villers-Bretonneux, mon frère cadet, à la charge par eux d'exécuter mes volontés exprimées dans ce testament et les legs ci-dessous, le plus tôt possible après mon décès, et de faire célébrer pour le repos de mon âme le nombre de messes que leur piété et leur reconnaissance pour moi leur inspireront ; ils n'oublieront pas que ma qualité de Prêtre, loin de m'exempter des peines du Purgatoire, me donnera matière d'un jugement plus terrible devant Dieu.

« Tous les legs ci-dessous seront acquittés par mes deux frères sans frais pour ceux à qui ils sont faits.

« Si, par la suite des temps, le gouvernement n'autorisait plus les bonnes œuvres indiquées dans les testaments, ou qu'il s'emparât à son profit des legs testamentaires destinés à la religion, aux établissements religieux et aux églises, qu'il sache qu'il agit directement contre mes volontés et qu'il devient voleur inexcusable. D'autre part, mes héritiers devront de la manière qu'ils pourront ou qui leur conviendra employer en d'autres bonnes œuvres cet argent qui leur reviendrait et qui, dans ma pensée, était destiné aux œuvres par moi indiquées ici.

« Je donne et lègue à l'Évêché d'Amiens la somme de vingt mille francs pour être consacrée à la caisse des prêtres infirmes du diocèse.

« Je donne et lègue à la Fabrique de Saint-Maurice d'Amiens la somme de deux mille francs, etc.....

« Je donne et lègue à la Fabrique du Petit Saint Jean à Amiens la somme de mille francs, etc.....

« Je donne et lègue aux pauvres de la paroisse Saint-Roch une somme de deux cents francs pour être distribuée en aumônes le jour de mon service funèbre qui sera célébré dans l'église Saint-Roch, aux pauvres qui demeurent dans la circonscription de cette église.

« Je donne et lègue aux pauvres de la paroisse de Villers-Bretonneux une somme de trois cents francs pour être également distribuée en aumônes le jour de mon enterrement, aux pauvres qui y auront assisté.

« Je donne et lègue à Monsieur Jean-Baptiste-Irénée Dieu, curé de Cayeux-sur-Mer, mon cousin germain, la somme de deux mille francs, à la charge d'acquitter le plus tôt possible ou de faire acquitter cinq cents messes pour le repos de mon âme.

« Je donne et lègue à l'église de Villers-Bretonneux, mon calice et tout ce qui constitue ma chapelle.

« Je donne et lègue à mon cousin l'abbé Dieu, curé de Cayeux-sur-Mer, mon ornement complet en drap d'or et mon aube avec les accessoires.

« Je donne et lègue au grand Séminaire d'Amiens tous mes vêtements ecclésiastiques y compris mes surplis.

« Je donne et lègue à M. l'abbé Dourlens, de Villers-Bretonneux, clerc minoré du grand Séminaire d'Amiens, toute ma bibliothèque, excepté les ouvrages suivants . . . . »

Aujourd'hui le pieux serviteur de Marie repose en paix aux pieds de sa Bonne Mère du Ciel. Vivant, il l'a exaltée, glorifiée et aimée autant que personne ; sa tombe était donc digne de servir de piédestal à la statue de cette Vierge Immaculée. L'amour de Marie qu'il a si fidèlement prêché pendant sa vie, il le prêche encore du fond de son sépulcre.

Oh ! n'en doutons pas, Marie, la Vierge fidèle, n'a point abandonné son dévot serviteur ; déjà elle a reçu son âme ; elle gardera sa dépouille mortelle jusqu'au jour de la résurrection, et elle-même alors se penchera vers cette tombe pour recevoir en ses bras le corps ressuscité de son enfant bien aimé.

Vivre au service de Marie, mourir dans son amour, telle est la puissante exhortation qui s'élève de toute la vie de M. Outrequin.

Puisse-t-elle être entendue d'un grand nombre d'âmes ! Puisse-t-elle gagner à cette divine Mère plus de cœurs que son fervent apôtre n'eût su lui en conquérir dans le cours d'une plus longue vie !

L'abbé Outrequin avait une foi profonde en cette pensée de saint Bernard, qui résume le sentiment de tous les Pères de l'Église :

« *Dieu a voulu tout nous donner par Marie.* »

Sa foi et sa confiance ne furent point trompées.

La protection spéciale de Marie se manifesta en effet dans les plus importantes circonstances de sa vie ; les grâces les plus signalées lui vinrent par les mains de Marie, et ce fut toujours par son entremise et grâce à son intercession qu'il les reçut de Dieu.

Toutes les vertus qui brillèrent en lui : l'humilité, la charité, la patience, la mortification, la pureté il les avait étudiées en Marie ou dans son admirable serviteur saint Stanislas ; et ce fut toujours pour l'amour et pour la gloire de sa toute bonne Mère du Ciel qu'il se porta avec tant d'ardeur à en produire les actes.

Sa vie est donc une nouvelle preuve de la vérité de cette maxime que les maîtres de la vie spirituelle ont tant de fois répétée :

La voie pour aller à Jésus, c'est Marie ! Quiconque trouve le chemin de son cœur maternel est assuré de trouver la véritable vie et d'obtenir de Dieu la grâce et le salut.

FIN.

APPENDICE

GUÉRISON D'ESTELLE FAGUETTE,

Au Château de Poiriers, commune de Pellevoisin (Indre), diocèse de Bourges (1).

A la fin de Mai 1875, Estelle Faguette, femme de chambre chez Madame la comtesse Arthur de la Rochefoucauld, tombait gravement malade à Paris. Elle était atteinte d'une péritonite aigüe avec tubercules. Vers la fin de Juillet, ses maîtres la firent transporter en leur château des Poiriers, commune de Pellevoisin.

Le docteur B*** qui la soignait depuis plusieurs années affirmait « qu'il avait constaté, outre la péritonite, des lésions et des tubercules au sommet du poumon gauche; » en un mot, il jugeait son état désespéré.

Au commencement de Septembre, la malade, dont les forces diminuaient, fit, selon l'expression qu'elle em-

(1) D'après une notice intitulée : *Gloire à Marie toute miséricordieuse.* — On trouve cette notice chez M. le curé de Pellevoisin (Indre), et à Paris, chez Emile Bouasse jeune, 9, rue Mabillon.

ployait, *son dernier testament*. Ce dernier testament était une lettre à la Très Sainte Vierge ; elle chargea une de ses amies de porter cette lettre aux pieds de Marie dans une grotte élevée en l'honneur de Notre-Dame de Lourdes.

Le 18 Décembre après une crise violente, Estelle Faguette reçut les derniers sacraments; le 8 Février 1876 elle eut une nouvelle crise, et le 10 elle était au plus mal. Le docteur H***, un nouveau médecin, appelé en toute hâte, constatait non-seulement des tubercules, mais même des cavernes dans la poitrine et ne donnait plus à la malade que quelques heures à vivre. Elle ne pouvait prendre aucune potion sans vomir aussitôt. Au milieu de très grandes souffrances, sa résignation était complète.

Le dimanche soir, 13 Février, elle pria M. le curé de Pellevoisin d'écrire à Madame de la Rochefoucauld de faire porter pour elle un cierge à Notre-Dame des Victoires, et un autre à Lourdes, au *Gesu*. Les cierges furent portés le lundi. Or, le mardi matin, elle dit à M. le curé qu'elle avait vu la Sainte Vierge dans la nuit, et qu'elle serait morte ou guérie le samedi suivant. Celui-ci l'encouragea, mais ne crut qu'à une pieuse illusion. Le lendemain elle lui raconta qu'elle avait revu la Sainte Vierge, qui lui avait annoncé sa guérison pour le samedi. Le jeudi matin, nouvelle promesse de guérison ; cette fois, M. le curé de Pellevoisin, frappé de quelques détails des révélations dont lui parle la malade, ne veut pas rester seul dépositaire des prédictions qui lui sont confiées. Il engage Estelle à les faire connaître à quelques personnes discrètes ; ce qu'elle fait par obéissance.

Le vendredi soir, à dix heures, le mal s'aggravait encore : la faiblesse et les douleurs étaient extrêmes; et les suffocations presque continuelles.

M. le curé l'engagea à se confesser une dernière fois, bien qu'elle l'eût fait une dizaine de jours auparavant. Elle voulut absolument remettre au lendemain disant qu'elle serait guérie.

Le lendemain matin vers 6 heures 1/2, M. le curé revint pour la confesser. Estelle lui dit qu'elle se sentait presque guérie; mais qu'elle ne pouvait encore remuer son bras droit dont elle ne se servait plus depuis cinq ou six jours. Puis elle lui raconta la cinquième apparition dont la Sainte Vierge l'avait favorisée dans la nuit précédente, et comment ses souffrances très vives encore quelques instants auparavant, avaient cessé instantanément, aussitôt après que la Sainte Vierge l'eut quittée.

M. le curé de Pellevoisin lui dit alors qu'il lui apporterait la Sainte Communion après avoir célébré la Messe : « Aussitôt que vous aurez reçu le bon Dieu, ajouta-t-il, vous essaierez de faire le signe de la croix de la main droite; et si vous le faites bien, ce sera le signe que la Sainte Vierge a bien voulu vous guérir. »

Après la Sainte Communion, le bras paralysé était redevenu parfaitement libre; la malade put faire de la main droite un grand signe de croix, en disant : « Je suis guérie, je sens bien que je suis guérie! »

Le même jour Estelle se leva et s'habilla toute seule, et mangea à plusieurs reprises. La tumeur qu'elle avait au côté gauche depuis onze ans avait disparu. Le dernier médecin qui l'avait soignée, appelé le 28 février pour constater la guérison, ne put venir que le 7 Mars. Il resta étonné et stupéfait ; mais il n'hésita pas à déclarer la guérison pleine et entière, et il convint que cette guérison « était en dehors des voies de la nature. »

Le docteur B***, apprenant cet événement, écrivit de son côté : « qu'il y avait dans cette guérison, après ce qu'il avait observé de la maladie, quelque chose d'assez extraordinaire pour dérouter les prévisions médicales, et qu'on pouvait considérer ce fait comme absolument exceptionnel. »

Dans une des apparitions qui suivirent la guérison d'Estelle Faguette, la Très Sainte Vierge portait sur la poitrine un grand scapulaire du Sacré Cœur de Jésus. Elle exhorta Estelle à propager ce scapulaire, en lui disant : « J'aime cette dévotion. »

Le 15 Septembre 1876, Marie apparut encore à la miraculée et lui dit : « Je te tiendrai compte des efforts que tu as faits pour avoir le calme ; ce n'est pas seulement pour toi que je le demande, mais aussi pour l'Église et pour la France. Dans l'Église il n'y a pas ce calme que je désire. Et la France ! Que n'ai-je pas fait pour elle ? Que d'avertissements, et pourtant elle refuse encore de m'entendre ! Je ne peux plus retenir mon Fils ; la France souffrira.

Ces faits sont rapportés dans une brochure dont l'impression a été autorisée, en 1879, par Mgr de La Tour d'Auvergne, archevêque de Bourges. Deux enquêtes canoniques ont été faites sur les faits surnaturels de Pellevoisin. La mort de Mgr de La Tour d'Auvergne a laissé en suspens la décision de l'autorité diocésaine (1).

(1) Lettre de M. l'abbé Sautereau, vicaire-général de Bourges, à M. l'abbé Outrequin.

Une confrérie a été établie à Pellevoisin et le scapulaire du Sacré Cœur a été autorisé; des religieux, des chanoines, des évêques et des cardinaux le portent.

On célèbre la Messe dans la maison où eurent lieu la guérison d'Estelle Faguette et les apparitions de la Sainte Vierge; de nombreux pèlerins y viennent des diocèses de Bourges, Tours, Blois et Paris; sur les murs de cette maison transformée en chapelle, on peut voir de nombreux *ex-voto*, attestant les grâces obtenues (1).

Mgr l'archevêque de Bourges ne s'est pas encore prononcé aujourd'hui sur le caractère miraculeux de la guérison d'Estelle Faguette, ni sur les apparitions dont nous avons parlé; mais il autorise les pèlerinages et les actes de dévotion auxquels ces faits ont donné naissance.

(1) Lettre de M. l'abbé Gaujard, curé-doyen d'Écueillé, à M. l'abbé Outrequin.

TABLE.

—

Amiens, Imprimerie Rousseau-Leroy, rue Saint-Fuscien, 18.

www.ingramcontent.com/pod-product-compliance
Ingram Content Group UK Ltd.
Pitfield, Milton Keynes, MK11 3LW, UK
UKHW021307190726
13839UKWH00007B/87